새가족반

새가족과 세례교육자를 위한 사도신경 해설

새가족반

새가족과 세례교육자를 위한 사도신경 해설

초판 1쇄 발행 2022년 5월 25일

지은이 | 카스파르 올레비아누스
옮긴이 | 권경철
발행인 | 배성식
발행처 | 도서출판 언약
편 집 | 김균필
등 록 | 제 2021-000022호
주 소 | 경기도 고양시 덕양구 동세로 138 삼송제일교회 1층(원흥동)
전 화 | 010-2553-7512
이메일 | covenantbookss@naver.com

ISBN 979-11-978793-0-2 (03230)

디자인 | 참디자인

새가족과 세례교육자를 위한 사도신경 해설

새가족반

카스파르 올레비아누스 지음 | 권경철 옮김

언약
THE PURITAN HERITAGE

추천사

이 책은 놀라운 책이다. 그리고 아름다운 책이다. 성경적이고 개혁적인 신앙의 요점에 대해서 이만큼 은혜롭고 유려하게 풀어쓴 책을 만나기 쉽지 않을 것이다. 카스파르 올레비아누스는 저 유명한 하이델베르크 교리문답의 작성자 중 한 사람이다. 거기서도 하나님을 믿는 신앙을 통해 받는 성도의 위로를 너무나 은혜롭고 해박하게 정리해 주어, 두고두고 개혁신앙을 가진 교회의 표준적인 신앙고백이 되고 있다.

이 원고를 읽는 내내 깊은 감동을 받았다. 마치 인스턴트 식품이 대세를 이루는 식탁에서 깊은 맛이 있는 슬로우푸드 전통음식을 먹는 기분이었다. 우리의 신앙이 얼마나 깊은 내용을 가졌는지, 그 뿌리가 얼마나 성경에 깊이 내려져 있는지에 대해 감격하는 시간이었다.

이 책이 쓰여진 것이 벌써 약 450년 전이니, 문체도 조금은 낯설고 교리를 두고 문답하는 방식도 우리에게는 익숙하지 않다. 그러나 이 책의 내용이 주는 교화적인 영향력과 가르침의 힘은 강력하다. 만약 독자들이 이 책을 찬찬히 한 번만 읽고 난다면 나의 의견에 공감할 것이다.

오랫동안 언어의 장벽으로 우리에게 숨겨져 있던 보배와 같은 이 책 『굳건한 토대』는 권경철 목사의 탁월한 독일어 실력으로 인해서 더욱 정확하고 아름다운 번역이 되었다. 이 책을 읽는 모든 사람들에게 진리에 대한 큰 지식과 은혜를 더해 줄 것이다.

김남준 목사(열린교회 담임)

　　칼빈을 잇는 개혁신학자 카스파르 올레비아누스의 사도신경 강해가 우리 말로 출간된 것을 환영합니다. 우르시누스와 더불어 유럽 개혁교회 3대 신앙고백문서의 하나인 하이델베르크 교리문답(1563)의 공저자로만 널리 알려져 왔지만, 그간에 올레비아누스에 대한 국내 신학계나 교계의 관심은 활성화되지 못했습니다. 이런 상황에서 이남규 교수의 『우르시누스 올레비아누스』(서울: 익투스, 2017)는 개혁신학도들의 궁금증을 해소시키는 데 유익했습니다. 그러나 이미 저술이 소개된 우르시누스와 달리 올레비아누스의 저술이 직접 한글로 소개되는 일은 처음인 것 같습니다. 칼 주트호프(Karl Sudhoff)에 의해서 "언약신학의 실제적인 정초자"라고 불리우는 올레비아누스의 1567년 작품(독일어 원제는 Vester Grundt로서 견고한 기초라는 뜻)이 독일어로부터 번역되는 것은 한국 개혁신학의 역사에 있어서 하나의 이정표가 될 수도 있다고 사료되어집니다. 언약신학을 발전시킨 개혁신학의 역사에 있어 올레비아누스의 기여를 간과할 수 없을진데, 그의 은혜언약론과 사도신경 강해를 담고있는 본서의 출간은 실로 기뻐할만한 일입니다. 기독교인이라면 누구나 고백해온 사도신경의 중요성을 누구도 부인할 수 없는데, 이 책의 독서를 통하여 사도신경의 깊은 의미가 무엇인지를 천착해보는 기회가 될 수 있을 것입니다. 아울러 프랑수아 투레티니를 전공하여 박사논문을 썼고, 고전어와 서양어들에 조예가 깊은 권경철 박사의 수고에 의해 이 책이 완역되었으니 정확한 번역본이라 믿어 더욱 추천하고 싶습니다. 개혁신앙과 신학을 추구하는 독자들 뿐 아니라, 기독교 신앙의 초석들을 이해하고 재점검하고 싶은 모든 독자들에게 본서를 권독하는 바입니다.

이상웅 교수(총신대학교 신학대학원, 조직신학)

이번 주 초에 미국 미시간 주 그랜드 라피즈에 위치한 퓨리탄 리폼드 신학교 조엘 비키 총장님을 만나러 가는 비행기에서 옆자리에 앉은 한 여성에게 예수를 믿으라고 전도하였다. 그분은 어렸을 때 교회를 다녔지만, 지금은 다니지 않고 사회 복지 업무에 종사하고 있었다. 교회를 나가지 않겠다고 결심한 이유가 무엇이냐고 묻는 내 말에 교회에 다녀도 변화도 없고 교회에 가면 매번 반복되는 예배가 재미도 없어서 쉬게 되었다고 하였다. 나는 매일 식사하는 것이 매번 다른 음식인지 아니면 같은 음식을 먹는지 물었다. 메뉴 자체는 다를 수 있겠지만 대체로 같은 음식을 먹는다고 했다. 그것은 우리도 마찬가지이다. 나는 똑같은 음식이 재미없어서 먹지 않으면 굶어죽는 것 밖에 없다고 하며 교회에 가서 매번 같은 성경 말씀이라고 해도 영의 양식을 섭취해야 산다고 답하며 꼭 가까운 교회에 나가서 말씀을 듣고 훗날 천국에서 만나 뵙게 되기를 바란다고 말했다.

카스파르 올레비아누스(Caspar Olevianus, 1536-1587)가 쓴 책의 제목을 보면서 한 중년 여성에게 전도한 경험이 떠올랐다. 개혁교회 성도라면 늘 듣고 배우고 익히는 교리 책, 그것도 제목 자체가 『군건한 토대: 옛적부터 있었고, 참되며, 확실한 기독교 신앙고백: 이 위험하고 낙심되는 시대를 살면서도 하나님의 말씀으로부터 양심의 위로를 찾는 그리스도의 유익을 위하여 기록하고 설명한 것』*이다. 또 한 권의 옛날 책을 굳이 소개할 필요가 있느냐라는 의구심을 가진 이들에게 앞에서 언급한 예화가 적절한 답이 될 수 있다고 생각했다. 16세기 종교 개혁이 일어났을 때 역사의 주인이신 하나님께서는 독일과 스위스, 스코틀랜드와 잉글랜드만이 아니라 네덜란드를 비롯하여 프랑스 등 곳곳에 하나님의 신실한 일꾼들을 일으키셨다. 영적 깊이와 지적 탁월함을 함께 갖춘 그런 일꾼들을 통해서 성도들이 매일 섭취해야 할 영의 양식을 공급하여 주신 주님께 감사하다.

카스파르 올레비아누스의 책 제목에서 보여주듯, 그 자신이 새롭게 발견하고 만든 창작품이 아니라 예로부터 존재한 참되고 확실한 기독교 신앙고백에 관한 책이다. 사도신경에 관한 해설집은 많이 나와 있다. 장로교도들이 자랑하는 소요리문답의 내용이 사도신경을 토대로 만든 교리문답서인 것과 같이 올레비아누스의 책 역시 같은 맥락의 저술

---

* 편집자 주: 독일어 원제를 직역하면 『군건한 토대』이지만 기독교 신앙고백의 근간인 사도신경을 체계적으로 설명하여 새가족들을 균형있게 양육하기에 유익하다고 판단하여 책의 제목을 『새가족반』이라고 정하였다.

이다. 우리는 그 무엇으로부터 위로와 소망과 행복을 얻을 수 없는 복잡한 시대에 살고 있다. 철학도 과학도 현대 최첨단 기술의 발전도 인간의 삶을 더 나아지게 만들지 못하고 있다. 앞으로도 그럴 것이다. 그런 세상에서 진짜 위로, 진짜 평화, 진짜 소망, 진짜 기쁨을 얻게 하는 비결은 오직 진리 안에 굳게 세움을 입는 것이다. "의인이 터가 무너지면 무엇을 할꼬" 탄식하던 시편 기자는 "여호와께서 그 성전에 계시니 여호와의 보좌는 하늘에 있음이여 그 눈이 인생을 통촉하시고 그 안목이 저희를 감찰하시도다"(시 11:4)라고 답하였다. 땅이 흔들리고 바닷물이 흉흉하며 요동칠지라도 흔들리지 않는 굳건한 토대는 하늘에 좌정해 계신 주님을 앙망하는 것이다. 그 비밀을 사도신경 해설을 통해서 적절하게 제공하며 시대를 극복케 하는 지혜를 얻게 하는 저자의 책을 적극 추천한다. 특히 우리말 사도신경에 삭제되어 있는 지옥 하강이 무엇을 의미하는지에 대한 해석의 크고 작은 차이들이 있어도 저자의 설명을 묵상함도 신선한 도전과 감동을 줄 수 있으리라고 믿는다.

　　무엇보다 권경철 박사의 번역이라 더 신뢰가 가게 하는 저자의 책을 통해서 날마다 먹는 음식이 질리지 않듯 우리의 신앙고백도 더 생동감있고 더 감화력있게 하는 은혜의 진미를 풍성하게 맛보는 시간이 되기를 소망한다.

서창원 교수(전 총신대학교 신학대학원, 역사신학)

사도신경에 대한 이 탁월한 해설서의 발간을 진심으로 축하합니다. 우르시누스와 더불어 하이델베르크 요리문답을 집필했던 올레비아누스는 개혁파 신학의 발전 과정에 있어서 초기 개혁파 정통주의 시기에 속한 대표적인 인물 가운데 한 명입니다. 그러므로 이 해설서에는 16세기 후기 개혁파 정통주의자들의 성경과 복음에 대한 이해가 충실히 녹아 있습니다.

이 책은 단순히 사도신경에 대한 문자적인 해설만을 한 것이 아닙니다. 사도신경이 형성되던 초대교회 당시에는 주로 삼위일체 하나님에 대한 관심이 집중되었던 시기였습니다. 그렇기에 사도신경의 내용이 성부와 성자와 성령 하나님에 대한 고백으로 구성된 것은 자연스러운 일입니다. 그래서 많은 사람들은 사도신경에는 신론만 기록되어 있다고 생각하기 쉽습니다. 특히 종교개혁 이후 교회의 가장 큰 관심사가 되었던 구원론은 거의 나타나 있지 않으며, 성령 하나님의 구원론적 사역에 대한 기술도 심각하게 결여되어 있다고 여겨져 왔습니다. 하지만 올레비아누스는 삼위일체에 대한 이 신앙고백을 오늘날 우리가 받아들이는 신학의 전반적인 영역으로 확장하는 데에 탁월한 능력을 보여줍니다. 더 나아가 실천적인 부분에 대한 적용으로 우리를 친절히 안내해주기까지 합니다. 예를 들어, 성부에 대해서 설명하면서 문자적으로 기록된 하나님의 창조와 전능하심에 머무는 것이 아니라 창조의 결과로 만들어진 세상에 대한 섭리에 대하여 더 큰 관심을 가지고 설명합니다. 그뿐만 아니라, 이 섭리 교리가 우리에게 주는 실질적인 유익과 활용방법을 알려줌으로써 교리와 삶이 분리될 수 없음을 강변하는 듯합니다. 특히 우리가 이 해설서에서 주목해야 하는 사실은 구원론에 대한 충분한 기술입니다. 앞서 언급한 대로 사도신경은 주로 삼위일체론적 관점에서 기술되었기에 구원론에 대한 구체적인 설명이 빠져 있습니다. 그리고 이는 사도신경이 로마 가톨릭과 개신교회를 구별하지 못하는 것으로 그 중요성이 평가절하되기도 합니다. 하지만 이 책은 종교개혁의 주요한 주제였던 구원론을 충실히 반영하고 있습니다. 성자에 대한 고백이 내포하고 있는 구원론적 의미에 대한 개혁파적 입장을 충실히 드러냅니다. 이를 통해 올레비아누스는 사도신경과 종교개혁 이후 발달된 개혁파 구원론을 절묘하게 결합시켰습니다.

이처럼 이 사도신경 강해 속에는 종교개혁과 종교개혁 직후 개혁파 신학이 사도신경을 어떻게 해석했는지를 잘 보여주고 있고, 종교개혁에도 불구하고 로마 가톨릭교회가 고백했던 사도신경을 개혁교회가 어떻게 신앙고백으로 수용하게 되었는지 이해할 수 있도록 큰 도움을 줍니다. 아무쪼록 이 책을 통하여 우리 개혁파 신앙의 조상들에게 있었던 신학적 탁월성과 경건, 그리고 복음의 진수를 마음껏 누리게 되기를 진심으로 바랍니다.

김효남 교수(총신대학교 신학대학원, 역사신학)

미국 칼빈신학교에서 유학할 당시 박사과정 디렉터셨던 라일 비어마(Lyle Bierma)는 하이델베르크 교리문답 전문가로서 관련 책과 논문을 한창 출판하셨는데, 그때 개인적인 대화 속에서 한껏 힘주어 하셨던 말씀이 기억난다. "카스파르 올레비아누스(Caspar Olevianus, 1536-1587)의 글들은 반드시 번역되어야 하는데 그 중에서도 사도신경을 강해한 Vester Grundt는 반드시 번역되어 많은 사람들이 읽어야 한다."

드디어 비어마 교수님의 소망 어린 말씀이 우리말로 번역되어 성취되었다. 자카리아스 우르시누스(Zacharias Ursinus, 1534-1583)와 더불어 16세기 독일 종교개혁을 이끌었던 올레비아누스의 사도신경 강해집은 그 제목이 잘 말해주듯이 그리스도인들의 신앙의 '굳건한 토대'가 무엇인지에 대해 일목요연하게 정리한 수작 중 수작이다.

올레비아누스는 성부 하나님과 창조에 관한 고백, 성자 하나님과 우리의 구속에 관한 고백, 성령 하나님과 우리의 성화에 대한 고백으로 사도신경을 세 단원으로 나누어 개혁파 정통신학의 앵글 속에서 사도신경의 각 문장들을 심층적으로 고찰하고 있다. 사도신경의 내용을 단순히 신학적으로 정리하는 차원을 뛰어넘어 각 문장이 담고 있는 실천적 의미까지 적실하게 이끌어내어 신자의 삶에 어떻게 적용할 것인지에 대한 실천적 고민까지 한가득 담겨 있다. 가장 백미는 책 전반에 걸쳐 사도신경의 내용들을 '하나님의 섭리'의 관점에서 재고찰하여 진술하는 부분인데 이는 올레비아누스의 다음과 같은 의도 때문이다. "이는 우리의 신앙이 사람에게 그 기반을 두지 않고 하나님께만 두도록 하기 위한 것입니다"(서문 부분). 이처럼 이 책 전반에 걸쳐 하나님의 절대주권 하에서 신앙고백을 다루려는 개혁파 신학자의 신학적 몸부림이 잘 드러나 있다.

사도신경은 "옛적부터 있었고, 참되고, 확실한 기독교 신앙고백"이다. 기존 신자들은 이 책을 통해 신앙의 굳건한 토대가 무엇인지 다시금 재확증할 수 있을 것이며, 아직 신앙이 부족한 분들은 이 책을 통해 신앙의 기본기를 효과적으로 소개받을 수 있을 것이다. 이제 한국교회는 복 받았다. 너무나도 귀한 신앙교육교재가 우리 손에 아름답게 들려졌기 때문이다. 이제는 읽고, 이해하고, 행하는 일만 남았다.

박재은 교수(총신대학교 신학대학원, 조직신학)

사도신경은 기독교 신앙의 굳건한 토대입니다. 사도신경은 가장 단순하면서도 가장 심오한 신경 중의 신경입니다. 지난 2천년 기독교 역사 속에, 특히 신조의 세기인 17세기에 존재했던 모든 신앙고백서들과 교리문답서들이 사도신경을 토대로 세워졌다고 해도 과언이 아닙니다. 따라서 사도신경을 교회의 주일 공적예배 시에 고백하는 것은 개혁주의 교회의 오랜 전통이 되었습니다. 그뿐만 아니라 사도신경은 한 사람을 기독교회의 회원으로 가입시키는 세례 교육의 주요 교리의 표준이었습니다.

그럼에도 사도신경에 관한 권위 있는 개혁파의 훌륭한 해설서를 찾아보기가 쉽지 않습니다. 그런데 여기 도서출판 언약이 권경철 박사와 함께 그 일을 해냈습니다. 바로 쟝 칼뱅으로부터 배웠던 카스파르 올레비아누스의 『굳건한 토대』의 출간이 그것입니다. 역자인 권경철 박사는 이 책을 독일어 원전을 참고하여 우리 말로 번역해서 저자 올레비아누스의 의도를 그대로 살려냈습니다. 『굳건한 토대』는 무려 179개의 질문과 그 질문에 대한 대답을 통해 성부와 성자와 성령 하나님의 내재적이며, 경륜적 삼위일체의 위대한 구속사역을 상세하게 해설해 놓았습니다.

그뿐만 아니라 나가는 말을 통해 사도신경이 신자가 받은 오직 믿음으로 말미암는 칭의 교리의 얼마나 강력한 토대가 되는지를 풍성하게 설명해 줍니다. 오늘날 우리는 전혀 새로운 세대의 도전에 직면해 있습니다. 역사적이며 교리적이며 체험적인 신앙생활이 아닌 그저, 복잡하고 엄밀한 것을 싫어하는, 재미있고 사교적이며 문화적인 신앙생활을 하는 세대 말입니다. 하지만 이런 때일수록 교회에는 더욱 굳건한 토대가 필요합니다. 올레비아누스의 『굳건한 토대』가 전혀 새로운 도전에 직면에 있는 조국의 교회들에 참으로 굳건한 토대가 되기를 소망하면서 이 책을 기쁘게 추천합니다.

신호섭 목사(올곧은교회 담임, 고려신학대학원 교의학 교수)

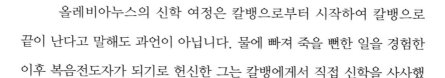

올레비아누스의 신학 여정은 칼뱅으로부터 시작하여 칼뱅으로 끝이 난다고 말해도 과언이 아닙니다. 물에 빠져 죽을 뻔한 일을 경험한 이후 복음전도자가 되기로 헌신한 그는 칼뱅에게서 직접 신학을 사사했

습니다. 그가 51세의 짧은 일기로 세상을 떠나기 직전까지 하던 일은 칼뱅의 작품을 출간하는 것이었습니다. 사실 칼뱅과 올레비아누스는 유사한 점이 매우 많은데, 특히 신학을 본격적으로 연구하기 전에 법학 박사 학위를 받은 점이 그러합니다. 올레비아누스는 자신이 가진 법지식을 최대한 활용하여 개혁파 교회법을 아주 탁월하게 작성하였습니다. 현대 연구가들이 밝힌 것처럼 하이델베르크 요리문답의 주요 작성자는 우르시누스였습니다. 하지만 흥미롭게도 하이델베르크 요리문답의 주요 주제인 '위로'에 대한 메시지는 올레비아누스의 『굳건한 토대』에 더 많이 나오고 있습니다. 특히 이 요리문답은 그 핵심에 있어서 칼뱅의 신학과 일치하면서도 올레비아누스만의 색깔도 드러나고 있습니다. 특히 이슬람의 왜곡된 교리들을 분명하게 지적하는 부분에서 그러합니다. 『굳건한 토대』는 사도신경을 따라 삼위일체적 구조를 취하면서도, 기독론을 매우 자세하게 설명하고 있습니다. 그 외에도 창조론, 섭리론, 구원론, 성령론, 교회론, 종말론이 아주 아름답게 진술되고 있습니다. 무엇보다 루터가 말했던 것처럼 교회가 서고 무너지게 하는 교리인 이신칭의론에 대한 아주 실제적인 설명이 나와서 큰 도움이 됩니다. 저는 이 책을 통해 올레비아누스가 기독교의 모든 핵심교리를 수많은 성경 구절들로 쉽고 깊이 있게 설명하는 것을 보면서, 그가 정말 개혁신학의 대가라는 것을 새롭게 깨달았습니다. 정말이지 이 책은 곁에 두고 자주 참조하고 음미해야 할 신앙과 경건의 필수 교과서입니다.

우병훈 교수(고신대학교 신학과, 교의학)

이 책은 세 가지 면에서 추천하고자 한다. 첫째로 이 책은 기독교 신앙의 핵심을 요약한 고백서에 대한 해설이 담겨져 있다. 사도신경은 초대 교회 시대로부터 물려받은 것으로서, 가장 압축된 기독교 교훈이 압축되어져 있다. 종교개혁자들의 시대에 재발견된 성경의 가르침에 근거해서 이 해설서가 작성되었기에, 우리에게 제공하는 내용이 매우 중요하다. 기독교 신앙의 본질은 오직 성경에서만 찾아야 하는데, 일반 성도가 그토록 방대하고 오묘한 성경의 가르침들을 요약하기란 결코 쉽지 않다. 그렇기 때문에 성도들에게 기독교 교리를 간략하게 가르치기 위해서, 사도신경이 작성되었던 것이다. 둘째로 이 책의 저자인 올레비아누스는 종교개혁자들 중에서도 가장 탁월한 성경학자였다. 그의 모든 저서들은 후대의 개혁주의 정통신학 정립에 매우 큰 기여를 했었다. 올레비아누스의 공헌에 대해서는 한국교회에 잘 알려지지 않은 부분들이 많다. 그는 칼빈의 신학을 계승하면서, 다음 세대에서 개혁주의를 정착시키는데 활약한 최고의 신학자였다. 셋째로, 이 책을 한국어로 번역하는 데 있어서, 권경철 박사가 이해하기 쉽게 풀어놓았다. 번역은 또 다른 창조의 노력인데, 탁월한 노고에 격려를 보낸다.

김재성 교수(전 국제신학대학교, 조직신학)

카스파르 올레비아누스. 『굳건한 토대: 옛적부터 있었고, 참되며, 확실한 기독교 신앙고백: 이 위험하고 낙심되는 시대를 살면서도 하나님의 말씀으로부터 양심의 위로를 찾는 그리스도인들의 유익을 위하여 기록하고 설명한 것』 하이델베르크, 1567.

역자 서문

이 책은 개혁교회의 표준 신앙고백이라고 할 수 있는 하이델베르크 요리문답(Heidelberger Katechismus, 1563) 작성에 기여한 독일 서남부 트리어(Trier) 태생의 법률가이자 신학자였던 카스파르 올레비아누스(Caspar Olevianus, 1536-1587)가 1567년에 출간한 『굳건한 토대: 옛적부터 있었고, 참되며, 확실한 기독교 신앙고백: 이 위험하고 낙심되는 시대를 살면서도 하나님의 말씀으로부터 양심의 위로를 찾는 그리스도인의 유익을 위하여 기록하고 설명한 것』(*Vester Grundt, das ist, die Artickel des alten, waren, ungezweiffelten Glaubens: den Christen die in diesen gefärlichen trübseligen Zeiten einen gewissen Trost aus Gottes Wort suchen, zu gutem erkleret und zugeschrieben*)이라는 제목의 사도신경 해설서를 한글로 옮긴 것입니다.

올레비아누스는 개혁파 개신교 전통을 대표하는 프랑스 출신의 제네바 신학자인 장 칼뱅(Jean Calvin)의 문하생으로서, 그와 많은 공통점을 가지고 있었습니다. 먼저 그들에게는, 신학자가 되기 이전에 서로 같은 학교에서 법률을 공부했었다는 공통점이 있습니다. 칼뱅이 프랑스 파리와 오를레앙과 부르주 등지에서 법률을 공부했던 것처럼, 올레비아누스 역시 같은 길을 걸었습니다. 뿐만 아니라 칼뱅이 갑작스런 회심을 통해 법률가의 길을 버리고 신학자가 된 것처럼, 올레비아누스 역시 학창시절 익사 위기에서 구출된 것을 계기로 마음을 돌이켜 복음을 전하는 사역자의 길을 가게 되었습니다. 이렇게 볼 때, 칼뱅의 닮은꼴이었던 올레비아누스야말로 칼뱅의 신학을 후세에 전하는 일에 적임자였으며, 따라서 이 작품 역시 자연스레 칼뱅의 개혁파 신앙으로부터 받은 영향이 곳곳에 드러나 있습니다.

이 책은 비록 하이델베르크 요리문답처럼 잘 알려진 작품은 아니지만, 여러 면에서 그에 못지않게 가치 있는 작품이라고 할 수 있습니다. 첫째로, 이 책은 기독교의 핵심이라고 할 수 있는 사도신경에 대한 개혁파 계열 개신교회의 역사적 표준 해석을 대변할 수 있는 권위 있는 책입니다. 물론 하이델베르크 요리문답을 위시한 주요 신앙고백서는 대부분 사도신경 해설이 들어가 있습니다. 하지만 그 어떤 역사적 신앙고백서의 사도신경 해설도 이 책보다 더 깊이 있고 방대한 해설을 수록하고 있지는 못합니다. 따라서 요즘처럼 신앙과 신학이 혼란스러운 시대에 『굳건한 토대』야말로 기존 신앙고백보다 더 깊이 있는 지식이 필요할 때 참고할 수 있는 믿을 만한 자료가 될 것입니다. 그리하여 정통 기독교 신학을 깊이 있게 탐구하려는 사람들은 물론이고, 새신자들과 학습, 세례, 입교 등의 성례교육을 받는 사람들도 이 책을 통해 역사적으로 검증된 신앙의 토대를 굳건히 하는 일에 많은 유익을 받을 수 있을 것입니다. 둘째로, 이 책은 하이델베르크 요리문답을 더 깊이 있게 이해하는 일에 도움을 줍니다. 『굳건한 토대』와 하이델베르크 요리문답 제12문에서 64문까지를 비교해보면, 표현과 전체적인 접근법에 있어서 유사한

면이 있습니다. 물론 『굳건한 토대』와 하이델베르크 요리문답은 엄연히 다른 작품입니다만, 그래도 이러한 유사성으로 인해 독자들은 하이델베르크 요리문답의 행간에 감추어져 있는 가톨릭과의 생존 경쟁, 루터파와의 성찬 논쟁, 유대인과 이슬람교도들에 대한 경계심 등과 같은 행간을 읽을 수 있게 됩니다.

셋째로, 이 책은 올레비아누스의 경건을 깊이 있게 반영함으로써, 오늘을 사는 우리에게도 사도신경이 메마른 신학이 아니라 살아있는 신앙이 되도록 하는 일에 일조합니다. 올레비아누스의 서문을 통해서 짐작할 수 있듯이, 1560년대 하이델베르크의 상황은 태평성대와는 거리가 멀었고, 많은 사람들은 위기의식을 느끼고 있었습니다. 이에 올레비아누스는 삼위일체 하나님을 믿는다는 것이 생활과 괴리된 사변적인 신앙이 아니라, 날마다 우리에게 일용할 양식을 주시고 평생토록 우리를 돌보시는 하나님의 섭리의 손길을 믿는 것과 직접적으로 연결된다는 것을 강조하면서 신앙으로 그러한 어려움을 극복하도록 유도했습니다. 오늘 우리는 1560년대의 하이델베르크 못지않게 위험하고 낙심되는 시대를 살고 있습니다. 이럴 때일수록 그리스도인들은 올레비아누스를 본받아 교리와 경건을 연결시키고, 흔들리지 않는 신앙의 토대 위에 굳게 서서 신앙으로 모든 어려움을 극복하려고 해야 할 것입니다.

이러한 유익이 있기에 시작하기는 했지만, 『굳건한 토대』를 한글로 옮기는 일이 결실을 맺기까지는 많은 어려움이 있었습니다. 이 책의 독일어 원문을 보면, 긴 문장의 고어들이 수두룩하고, 총 179개에 육박하는 방대한 질문과 답에는 번호조차 매겨져 있지 않습니다. 미국 칼빈 신학교 교수인 라일 비얼마(Lyle D. Bierma)가 1995년에 *A Firm Foundation: An Aid to Interpreting the Heidelberg Catechism*이라는 제목으로 출간한 이 책의 영어 번역본을 보면, 각 문답에 번호가 붙어있고 성경 구절이 모두 장뿐만 아니라 절까지 제시되어 있으며, 목차에 보면 주일 구분이 되어 있지만, 그것은 모두 비얼마가 임의로 붙인 것일 뿐, 독일어 원전과는 관계가 없습니다. 독일어 원전에는 목차도 없고, 번호도 없으며, 상당수의 성경 구절이 장까지만 제시되어 있습니다. 게다가 비얼마는 때때로 오역을 하거나 단락을 임의로 끊거나 혹은 직접적으로 인용된 성경 구절을 빠트리기까지 합니다. 따라서 필자는 이 책의 원저자인 올레비아누스의 원래 의도를 파악하려면, 영어판을 따르지 않고 최대한 독일어 원문을 따라야 하겠다는 결론을 내리고, 독일어 원전에 맞추어 이 책을 번역하였습니다. 동시에 필자는 최대한 원전의 구조와 편집 방향을 존중하면서도 독자의 편의를 극대화하기 위해 각 문답에 번호를 덧붙였으며 서두에도 책의 전체 구조를 요약한 목차를 직접 만들어 첨부했으니, 유용하게 사용하시기를 바랍니다. 끝으로 보배를 질그릇에 담은 것과 같은 이러한 책의 가치를 알아보고 사명감으로 출판을 기획하여 이 작품이 빛을 보도록 해주신 삼송제일교회와 교회 부설 언약 출판사에 감사드립니다. 부디 이 책이 하나님께는 영광이 되고, 교회와 성도님들 및 기독교에 관심이 있는 분들에게 유익이 되었으면 합니다.

번역자 권경철

서문

　다양한 환난과 시험을 겪고 있는 그리스도인들에게, 아버지 하나님과 우리 주 예수 그리스도로부터 은혜와 평강이 있기를 바랍니다! 저로 하여금 기독교 신앙고백의 조항들에 대해 이처럼 강해하는 책을 쓰고 그것을 출판하도록 이끈 것은 구체적으로 두 가지였습니다. 첫째, 오늘날 많은 사람들이 자기들이 서 있는 진리의 토대에 대하여 알지 못하며, 옛적부터 있었고, 참되며, 확실한 기독교 신앙고백을 그저 붙잡기만 하더라도, 굳건한 토대를 취하는 것이 무거운 것이 아니라 쉬운 것이 된다는 사실을 망각하고 있다는 것입니다. 진실로 오늘날 모든 사람들이 사도들의 신앙고백에 거한다면, 기독교 세계에서의 논쟁은 훨씬 줄어들 것이며, 또한 신앙고백을 거슬러 하나님의 전능하심을 남용하는 사람들도 없어질 것입니다. 초대교회 교부인 이레니우스는 발렌티누스를 대적하여 쓴 그의 책 제1권과 제3권의 3장과 4장에서 옛 독일 그리스도인들이 누군가 신앙고백에 반대되는 교리를 들고 올 경우, 그들의 귀를 닫아 버렸다고 기록하고 있습니다. 오, 오늘날 우리들은 그러한 모습에서 얼마나 멀리 떠나있는지요! 하나님이시여, 우리를 긍휼히 여겨주소서! 신뢰할만한 교리 길잡이라고 할 수 있는 신앙고백들에 대한 연구가 특별히 영주들과 지도자들 사이에서뿐만 아니라, 백성들 사이에서도 다시금 유행하기를 원하는 것이 하나님의 뜻입니다. 사도신경이 사도적 신앙에 대한 초대교회의 요약이요 고백이라는 점은 확실한 사실입니다. 또한, 사도신경의 조항 중에서 하나 혹은 그 이상 반대되는 (혹은 반대되는 것 같이 보이기만 하더라도) 것은 무엇이든지 잘못된 것임이 틀림없다는 것 역시 확실한 사실입니다. 이것이 바로 제가 세례를 받는 근거를 이룬다고 할 수 있는 바로 그 사도신경에 주의를 환기하려고 하는 이유입니다.

둘째, 우리가 옳은 토대이신 그리스도 위에 심기어져서 하나님의 성전으로 자라가기를 제 중심으로부터 원했기 때문에 저는 이 글을 썼습니다. 그래서 저는 그리스도의 인격과 사역에 대한 교리와 더불어 가장 큰 위로를 선사하는 교리인 하나님의 섭리에 대해서 특별히 설명하는 것이 필수적이라고 생각했습니다. 이는 우리 신앙의 기반을 사람이 아닌 하나님께만 두도록 하기 위함입니다. 사도들 역시 사도행전 4장에서 하나님의 섭리와 작정을 바라보았습니다. "사도들이 한마음으로 하나님께 소리를 높여 이르되 대주재여 천지와 바다와 그 가운데 만물을 지은 이시요 또 주의 종 우리 조상 다윗의 입을 통하여 성령으로 말씀하시기를 어찌하여 열방이 분노하며 족속들이 허사를 경영하였는고 세상의 군왕들이 나서며 관리들이 함께 모여 주와 그의 그리스도를 대적하도다 하신 이로소이다 과연 헤롯과 본디오 빌라도는 이방인과 이스라엘 백성과 합세하여 하나님께서 기름 부으신 거룩한 종 예수를 거슬러 하나님의 권능과 뜻대로 이루려고 예정하신 그것을 행하려고 이 성에 모였나이다 주여 이제도 그들의 위협함을 굽어보시옵고 또 종들로 하여

금 담대히 하나님의 말씀을 전하게 하여 주시오며....”이 경우를 통해
볼 수 있는 것은, 헤롯과 빌라도와 바리새인들과 속임을 당한 불쌍한 사
람들이 영원부터 하나님의 작정에 따라 일어나기로 결정된 것 이상으로
우리의 머리이신 그리스도를 고문할 수 없었던 것처럼, 오늘날 그 어떤
박해자도 하나님께서 그분의 영원한 작정에 따라 우리에게 가장 좋은
쪽으로 결정하신 것 이상으로 그리스도 지체의 머리털 하나라도 해칠
수 없다는 사실입니다. 그리스도의 지체인 신자는 머리이신 그리스도와
동화되어 먼저 그분과 함께 고난을 받고 그 후에는 함께 영광을 받음으
로써 그리스도를 따를 수밖에 없다는 것은, 로마서 8장에 있는 대로, 하
나님의 영원한 작정에 그 기반을 두는 것입니다. 하지만 동시에 우리는
지쳐 쓰러지지 않고 영적으로 인내심을 견지하면서도 그리스도의 은혜를
통하여 성령의 능력 안에서 모든 기쁨으로 주님의 말씀과 진리를 우리의
마지막에 이르기까지 고백하도록 해달라고, 동일하면서도 굳건한 믿음으
로 말미암아 하나님께 소리를 높여 간구하여야 할 것입니다, 아멘.

목차

들어가는 말: 은혜언약 안에서의 율법과 복음

성부 하나님과 창조

전능하사 천지를 만드신 하나님 아버지를 내가 믿사오며

성자 하나님과 우리의 구속

그 외아들 우리 주 예수 그리스도를 믿사오니

이는 성령으로 잉태하사 동정녀 마리아에게 나시고

성령 하나님과 우리의 성화

성령을 믿사오며

거룩한 공회와

성도가 서로 교통하는 것과

죄를 사하여 주시는 것과

몸이 다시 사는 것과

영원히 사는 것을 믿사옵나이다

나가는 말: 그리스도를 믿음으로 얻는 칭의

은혜언약 안에서의 율법과 복음

001

하나님은 의로우시므로, 우리가 하나님과 이웃에 대한 완전한 사랑으로 율법을 지키든지, 혹은 영원한 형벌을 당하든지 하기를 요구하십니다. 하지만, 우리는 아담의 타락으로 인하여 너무나 부패하여 본성적으로 하나님과 이웃을 미워하고 날마다 죄를 더해갑니다. 그러므로 영원토록 멸망하기를 원하지 않는 이상, 우리는 우리를 위해 하나님의 의로운 심판을 완벽하게 보속(補贖, 역주: 보증물을 주고 속함)해 줄 보증인을 찾아야만 합니다. 그러한 중보자요 보증인을 우리가 어디에서 찾을 수 있습니까?

우리가 온 세상을 둘러본다고 하더라도, 우리를 위해 보속을 제공할 그 어떤 피조물도(즉 단순히 피조물이라면) 발견할 수 없을 것입니다. 심지어는 천사들 중에서 보증인을 찾아본다고 하더라도 그 즉시로 우리는 두 가지의 문제에 직면하게 될 것입니다. 첫째, 천사들은 죄인도 아니고 인류 때문에 고난을 당할 의무도 없으므로, 천사들이 인류의 빚을 대신 갚는 것을 하나님의 공의가 요구하지 않을 것입니다. 죄는 인류가 지었는데, 그 외의 피조물이 형벌을 당해야 한다는 것도 불공정한 일입니다. 둘째, 우리의 보증인과 중보자는 하나님의 영원하고 무한한 진노를 담당하고 그것을 극복해야만 했는데, 그 일을 감당하기에 천사들은 너무 약한 존재들이라는 것입니다. 하나님의 진노가 너무 혹독하기에 천사는 그 진노의 무게로 인해 (한때 광명의 천사였던) 귀신들이 그랬듯이 무너지고 타락할 것이므로, 천사들은 그것을 극복할 수 없고 다만 그 진노 아래에 머물러 있어 영원히 저주를 당할 수밖에 없습니다. 하나님의 천사들조차 인류를 위해 하나님의 진노의 엄청난 무게를 담당하고 그것을 극복하기에 너무 약할 것 같다면, 우리 죄의 무게를 담당하여 우리를 죄로부터 해방할만한 이는 그 어떤 피조물 중에도 발견될 수 없음이 확실합니다.

002

그렇다면 우리는 어떠한 종류의 보증인과 중보자를 찾아야 합니까?

참으로 의로운 사람이면서도 동시에 그 어떤 피조물보다 더 강한 존재, 즉 참되고 영원한 하나님이어야 합니다. 이러한 분은 바로 영생에 이르는 유일한 길이시요, 하나님께서 하늘에서 친히 불쌍하고 상실한 인류에게 태초부터 나타내신 분, 즉 십자가에 못 박히셨다가 다시 살아나신 예수 그리스도이십니다. 긍휼이 많으신 성부께서는 인류가 하나님께 나아와서 은혜를 간구하기까지 기다리지 않으셨습니다. 오히려 하나님으로부터 도망친 인류에게 친히 다가가서서 그분의 위대한 긍휼을 따라 인류에게 회복의 약속을 주셨습니다. 먼저는 창세기 3장에서 아담에게 주신 약속입니다(주님께서 뱀에게 말씀하십니다). "내가 너로 여자와 원수가 되게 하고 네 후손도 여자의 후손과 원수가 되게 하리니 여자의 후손은 네 머리를 상하게 할 것이요 너는 그의 발꿈치를 상하게 할 것이니라." 그 후에 하나님께서는 창세기 22장에서 아브라함과 그 후손들에게 보다 명확하게 말씀하십니다. "내가 나를 가리켜 맹세하노니…네 씨로 말미암아 천하 만민이 복을 받으리니." 그리고 마지막으로 시편 89편의 경우처럼 다윗에게 약속이 주어집니다. 다윗에게 주신 이 약속으로 인하여, 그리스도는 다윗의 자손이라고 불리게 되었습니다. 하나님의 약속에 따라 세상에 보냄을 받으신 이 구세주는 곧 참으로 의로운 사람이요 동시에 그 어떤 피조물보다도 강한 참되고 영원하신 하나님으로서, 십자가에서 자신을 희생제사로 드려서 우리의 죄의 대가를 모두 지불하신 그리스도 예수이십니다. 성부께서 친히 하늘로부터 그분에 대하여 증거하셨습니다. "이는 내 사랑하는 아들이요 내 기뻐하는 자니 너희는 그의 말을 들으라." 그리스도께서도 "내가 곧 길이요 진리요 생명이니"라고 말씀하시면서 성부의 증언을 확증하셨습니다.

왜 그리스도를 유일한 구원의 길이라고 부릅니까?

왜냐하면 그분만이 모든 구원의 원천이요 창시자인 주 하나님과 사람 사이에서 화목과 언약의 중보자 노릇을 하시기 때문입니다. 사도 바울은 디모데전서 2장에서, 사도 요한은 요한일서 1장에서 이것을 설명하고 있습니다. "우리가 보고 들은 바를 너희에게도 전함은 너희로 우리와 사귐이 있게 하려 함이니 우리의 사귐은 아버지와 그 아들 예수 그리스도와 함께 함이라." 고린도전서 1장도 참고하십시오.

004

왜 구속 혹은 하나님과 사람 사이의 화목이 언약이라는 형태 중에 서도 특별히 은혜언약이라는 형태로 우리에게 주어졌습니까?

하나님의 아들의 희생을 통하여 하나님과 사람 사이에 영원히 지속되는 평화와 사귐이 생겨났음을 우리들로 하여금 확인하고 확신하도록 하기 위하여, 하나님께서는 우리 구원의 문제가 언약, 특히 영원한 언약과 관련되도록 하셨습니다. 사람들은 심각한 원수들을 만났을 때, 마음의 평화를 가지기 위해 서로 간에 지켜지기를 원하는 평화가 무엇인지 확인하고 체결해야 하는 의무에 헌신하며, 약속과 맹세로 그 언약을 체결합니다. 이와 마찬가지로 하나님께서 우리와 언약을 맺으신 것입니다. 우리로 하여금 양심의 안식과 평화를 누리게 하기 위하여 하나님은 그분의 원수였던 우리에게, 그분의 위대한 선하심과 은혜를 따라 그분의 독생자인 아들이 사람이 되셔서 우리를 위하여 죽으시고 그 희생으로 말미암아 지속적인 화목과 영원한 평화가 성립될 것을 이사야 54장에서 약속하셨습니다. 또한 참으로 그것을 자기의 의무로 정하셨습니다. 그분께서는 우리의 하나님이 되셔서 우리에게 복을 주시되, 우리의 죄를 용서하시고 성령과 영생을 나누어 주시는데, 이 모든 것에 우리의 공로는 없습니다. 우리가 해야 할 일은 단지 약속되고 보냄 받은 그 아들을 믿음으로 영접하는 것입니다.

005

하지만 어떻게 예수 그리스도는 아버지와 우리 사이의 언약을 가능하게 하십니까? 즉, 어떻게 그분이 우리를 아버지와 화목하게 하심으로써 우리의 죄가 영원히 잊혀지고 우리에게 성령과 영생을 주실 수 있도록 하십니까?

예수 그리스도는 영원한 언약대로 그분의 십자가 희생을 통해 우리를 아버지와 완전히 화목하게 하셨습니다. 하나님의 아들이 십자가에서 친히 "다 이루었다"고 소리치신 대로, 언약은 완전히 비준되었습니다. 또한 성령께서도 히브리서 10장에서, "그가 거룩하게 된 자들을 한 번의 제사로 영원히 온전하게 하셨다"라고 말씀합니다.

이러한 희생이 사람들로 하여금 하나님과 완전하고 영원히 화목하도록 하고, 그럼으로써 지속이며 영원한 언약을 성립시키기에 충분하려면, 자신을 우리를 위한 희생으로 주시는 그분께서 죄만 제외하고 범사에 우리처럼 되셔서 참 사람이 되시는 동시에 영원하신 참 하나님이 되시는 것이 필수적인 것입니까?

네, 그것은 필수적입니다. 왜냐하면 일단 하나님께서 참되지 않고 불의한 종류의 화목은 받아들이시지 않기 때문입니다. 그래서 "네가 그것을 먹는 날에는 반드시 죽으리라"고 말씀하셨던 하나님의 참되심은 중보자가 여자의 씨, 즉 육체와 영혼을 가진 참 사람으로서, 하나님의 변함없는 참되심을 만족시키고 영원한 죽음의 고통을 친히 짊어질 것을 히브리서 2장 2절과 고린도전서 5장에서 요구합니다. 더욱이, "나는 악인을 옳다 아니하겠노라"(출 23:7)고 말씀하셨던 하나님의 공의는 베드로전서 3장 18절 말씀처럼, 의로우신 분(즉, 그리스도)이 불의한 이들을 위해 죽지 않는 이상, 악하고 불의한 이들과 언약을 세우지 말고 그들과 교제하지도 말 것을 요구합니다. 따라서 모두를 위한 희생으로 자신을 드리는 중보자께서는 참으로 사람일 뿐만 아니라 참으로 하나님이셔야 했습니다. 주께서 이사야 43장에서 이사야 선지자를 통해 "나 곧 나는 여호와라 나 외에 구원자가 없느니라"고 말씀하셨듯이, 하나님 외에는 구원자가 없으므로 그분은 구원자가 되시기 위하여 먼저 하나님이셔야만 했습니다. 호세아

13장과 고린도전서 15장도 참고하십시오.

　　또 다른 이유는 그분께서 우리가 하나님의 무한한 위엄에 반하여 저지른 무수히 많은 죄악으로 인한 하나님의 공의로운 심판을 충족시켜야 했기 때문에, 모든 피조물을 위해 견딜 수 없는 고통을 친히 짊어지셔야 했다는 것입니다. 그러므로 그는 무한하신 분, 즉 참 하나님이시면서 동시에 참 사람이 되시는 방식을 택하셔야만 했습니다. 이것은 그분의 인성(人性)이 신성의 무한한 능력에 의하여 지탱됨으로써, 하나님의 영원한 진노의 무게를 견디고 극복할 수 있도록 하기 위함입니다. 그리고 그럼으로써 히브리서 7장과 요한복음 10장 말씀처럼, 우리를 위해 하나님의 은혜를 획득하시고 우리 죄를 위한 무한하고 영원한 대가를 치르도록 하기 위함입니다. 이 점에 대해서는, 사도신경의 "성령으로 잉태하사 동정녀 마리아에게 나시고"라는 조항을 다룰 때 더 깊이 배워보도록 하겠습니다.

007

> 위와 같은 이유로 영생에 이르는 유일한 길이 참 하나님이시며 참 사람으로서 십자가에 달리신 예수라고 할 때, 영생에 이르는 다른 길과 다른 수단을 제시하는 여타 모든 종교 혹은 신앙들은 틀렸다는 결론에 필연적으로 도달하는 것이 아닙니까?

오직 기독교와 기독교 신앙만이 참된 신앙이며, 그 외의 모든 것은 잘못된 것입니다. 왜냐하면, 오직 그리스도인들만이 하나님을 한 분이시며 완벽하게 공의롭고 완벽하게 자비로우신 참 하나님으로 믿기 때문입니다. 그분은 죄로 인한 형벌을 면제하지 않으시고, 오히려 각각의 모든 죄악으로 인한 형언할 수 없는 지옥같은 형벌을 나무 십자가에서 그의 아들에게 내리심으로써, 우리의 마땅한 죗값을 절반만 치르지 않고 완전하게 치르도록 하셨다는 점에서 완벽하게 공의로우신 분입니다. 하나님께서는 우리 편에서의 어떤 공로도 없이 우리가 아직 죄인 되었을 때 단지 그분의 자비하심으로 인해 그 아들을 우리의 죗값을 치르기 위해 우리에게 주심으로써, 우리로 하여금 죗값을 하나도 치르지 않도록 하셨다는 점에서 완벽하게 자비로우십니다.

이와 대조적으로, 여타 모든 종교들과 신앙들은 하나님을 완벽하게 공의롭고 자비로우신 분으로 인식하지 못합니다. 유대인과 이슬람교도들, 혹은 교황주의자들을 한 번 생각해보십시오. 그들은 하나님께서 공의로우셔서 죄로 인한 형벌을 면제하지 않으신다는 것을 본능적으로 압니다. 하지만 그들의 양심이 그들을 괴롭힐 때 그들은 하나님을 매수함으로써 영원한 멸망이 마땅한 죄들을 만회하기를 바라면서 나아와 제단 위에 예물을 드립니다. 이는 도둑이나 살인자가, 재판관이 공의롭지 않다고 여기고, 돈이나 선물로 재판관을 매수하려고 하는 것과 같은 것입니다. 재판관에게 뇌물이 통할 것이라고 기대하지 않고서는 그러한 일을 하지 않을 것이기 때문입니다. 그렇다면 기독교를 제외한 다른 모든 종교들은 (그리스도 밖에서는 그 어떤 피조물도 할 수 없는) 완전한 죗값을 치르기는커녕, 단지 그들이 제거하기 원하는 죄에 비교할 때 1000분의 1도 안되는 사소한 공로와 누더기 같은 행위만 하나님의 법정에 제출할 뿐입니다. 그렇기에 이러한 여타 종교들이 하나님을 완벽하게 공의로운 분으로 여기지 않는 것이 틀림없습니다. 마찬가지로 그들은 하나님을 완벽하게 자비로운 분으로 여기지도 않습니다. 왜냐하면 그들의 예물과 하나님 섬김을 통해 그들은 이미 자기 죗값의 절반을 지급한 것이라고 생각하기 때문입니다. 하지만 하나님은 절반만 공의로우시지도 않고 절반만 자비로우시지도 않습니다. 하나님은 완벽하게 공의로우시고 완벽하게 자비하시기에, 그에 따라 완벽하게 공의로우시고 완벽하게 자비하신 분으로 여겨지고 인식되기를 원하십니다. 그러므로 여타 모든 종교들이 아무리 많다고 하더라도, 그것들은 참 하나님을 경배하는 것이 아니라, 완벽하게 공의롭지도 않고 완벽하게 자비롭지도 않은, 즉 참 하나님이 아닌 그들이 만들어낸 우상을 숭배하는 것이기에, 실로 그것들은 완벽한 공의와 자비를 하나님으로부터 앗아가 버리는 것입니다.

구원의 길이 십자가에 달리신 그리스도 하나밖에 없듯이, 구원론에 있어서도 그리스도와 그분이 주시는 모든 혜택이 값없이 은혜롭게 우리에게 제공되어 우리 소유가 되도록 만드는 가르침은 단 하나뿐입니다. 이 가르침은 무엇입니까?

복음입니다. 복음은 구원에 대한 약속을 담고 있기에, 구원의 복음, 구원의 말씀, 그리고 로마서 1장에서처럼 구원을 주시는 하나님의 능력 등으로 불립니다. 있는 그대로의 율법은 우리의 손을 잡고 우리를 이 가르침으로 인도합니다. 이는 우리가 우리의 불의에 대해 죄책감을 느끼고 영원한 사망을 의식하며 충격을 받게 되었을 때, 율법이 우리 자신에게서 구원을 찾지 말고 우리 밖에서 복음으로 우리에게 제공되는 구원을 믿음으로 받아들이라고 우리에게 가르치기 때문입니다. 사도 바울은 로마서 10장에서 이에 대해 말하고 있습니다. "그리스도는 모든 믿는 자에게 의를 이루기 위하여 율법의 마침이 되시니라." 또한 갈라디아서 3장 말씀처럼, "율법은 우리를 그리스도께로 인도하는 초등교사"가 되었습니다.

복음이 무엇인지, 잘 듣고 이해할 수 있도록 다시 한번 설명해 주
시겠습니까?

복음, 혹은 정죄 받은 불쌍한 죄인의 마음에 기쁨을 주는 소
식이란 하나님의 부성(父性)적이고 변하지 않는 의지가 계시된 것으
로서, 복음에서 하나님은 자격이 없는 우리에게 남은 생애뿐만 아니
라 영원토록 모든 죄가 씻김을 받았고 용서를 받았다고 약속하셨습
니다. 하나님은 그의 아들이 우리를 위해 죽고 다시 살아나도록 하심
으로써 이 약속을 성취하셨습니다. 그리스도께서 죽으신 것은 자신
의 죄 때문이 아니지만, 그분은 마치 자신이 친히 죄를 짓기라도 한
것처럼 우리의 죄로 인해 죽으셨습니다. 또한 고린도전서 15장 17절
말씀처럼, 우리의 모든 죄로부터 벗어나 강한 승리자로 다시 살아나
셨기에, 우리의 죄 중에서 그가 값을 치르지 않은 죄는 단 하나도 남
지 않게 되었습니다. 만에 하나 이 모든 죄 중에서 단 하나라도 그리
스도께서 친히 값을 지불하지 않은 것이 있었다면, 그분은 여전히 무
덤에 계셨을 것이며 다시 살아나지 못하셨을 것입니다. 왜냐하면 하
나님께서 친히 신명기 27장에서 말씀하신 것과 같이, 죄가 하나라도
있는 곳에는 영원한 사망도 있기 때문입니다. 그리고 로마서 6장 말
씀처럼, "죄의 삯은 사망"입니다. 그러므로 그리스도께서 우리의 모
든 죄로부터 벗어나 그가 취하셨으며 영원토록 간직하실 우리와 같
은 몸으로 승리자의 부활을 하셨다는 사실이야말로, 로마서 4장과

고린도전서 15장 17절 말씀처럼, 무덤에서 살아나셨을 때의 그리스도 예수께서 그러셨듯이 우리도 하나님 보시기에 순결하고 의롭게 여겨진다는 것을 공적으로 증거하는 것입니다. 하나님은 이를 통해 복음에서 그리스도를 약속하셨고, 또한 그와 함께 성령을 약속하셨습니다. 성령께서는 우리의 마음을 죄와 마귀의 나라에서 돌이켜 하나님께로 돌아가도록 하시고, 우리에게 하나님의 자녀라는 증거를 주십니다. 그리고 이 낮은 곳에서 우리 안에 시작된 하나님을 기뻐하는 것과 영생이 저 높은 곳 하늘에서 완성되도록 하십니다.

하나님은 우리의 과거와 현재와 미래의 공로 혹은 경건과는 상관없이 이 모든 것을 복음으로 값없이 제공하시고 수여하십니다. 하나님께서는 복음을 믿음으로 말미암아 은혜로 우리에게 주심으로써, 예레미야 9장과 고린도전서 1장 말씀처럼, 자랑하는 자는 누구든지 주 안에서 자랑하도록 하셨습니다. 좀 더 간단하게 묘사한다면, 복음은 하나님의 부성적이고 변하지 않는 의지가 계시된 것입니다. 그 복음으로 하나님은 모든 신자들에게 영원 전부터 그들의 죄가 용서를 받았고, 그 죄가 영원토록 기억되지 않으리라는 것, 그리고 하나님께서 참 하나님이요 참 사람이시며 지극히 높은 위격이신 그리스도의 자율적인 희생 덕분에 우리의 그 어떤 과거, 현재, 혹은 미래의 공로 없이 성령과 영생을 값없이 주실 것을 약속하셨습니다. 우리의 완전한 구속을 위한 영원한 효능을 간직한 이 희생은 에베소서 1장 말씀처럼, 영원 전부터 하나님의 면전에 있다가 약속되었고, 이제는 실행되고 완성되었습니다.

010

율법과 복음의 차이점은 무엇입니까?

율법은 하나님께서 인간의 본성에 심어놓으신 가르침인데, 하나님의 계명에서 재론되고 갱신되었습니다. 하나님은 마치 손으로 쓴 증서와도 같은 율법을 우리 앞에 놓으심으로써 우리가 어떻게 행해야 하며 죄가 되는 것은 무엇인지, 즉 내면적으로나 외면적으로나 완전한 순종을 한다는 것이 어떤 것인지에 대해 보여주셨습니다. 하나님은 또한 평생 율법을 완벽하게 지키는 것을 조건으로 영생을 약속하셨습니다. 하지만 역으로 하나님께서는 율법의 모든 조항을 평생 지키지 않고, 하나 혹은 그 이상의 부분에서 그것을 어길 경우, 영원한 정죄를 하시겠다고 경고하기도 하셨습니다. 하나님이 신명기 27장과 갈라디아서 3장에서 말씀하신 것처럼, "누구든지 율법 책에 기록된 대로 모든 일을 항상 행하지 아니하는 자는 저주 아래에 있는 자"입니다. 또한 율법에는 한 번이라도 율법을 어겼을 경우, 율법의 도움을 받아, 즉 율법의 행위를 통하여 우리 죄를 용서받도록 해주겠다는 약속이 없고, 도리어 정죄의 판결이 우리에게 놓이도록 하셨습니다.

하지만 복음 혹은 좋은 소식이란 가장 지혜로운 사람이라고 하더라도 자연적으로는 알 수 없고 하늘로부터 계시되어야 알 수 있는 가르침으로서, 복음에서 하나님은 그 어떤 요구를 하시기보다는 오히려 우리에게 율법이 요구하는 바로 그 의로움을 우리에게 제안하시며 수여하십니다. 이 의로움은 곧 예수 그리스도의 고난과 죽으심이라는 완전한 순종이며, 이 의로움을 통하여 로마서 5장과 갈라디아서 3장 말씀처럼, 율법이 적발한 모든 죄와 저주가 용서받고 씻김을 받습니다. 그리고 복음에서 하나님은 율법 준수를 조건으로 죄를 용서하시는 것이 아니라, 도리어 우리가 율법을 지킨 적이 없고 또한 율법을 완벽하게 지킬 수도 없을 것인데도 여전히 우리의 죄를 용서하시고 우리에게 예수 그리스도를 믿는 믿음을 통하여 공로와는 상관없는 선물로서 영생을 주시는 것입니다. 요한복음 1장 말씀처럼, "율법은 모세로 말미암아 주어진 것이요, 은혜와 진리는 예수 그리스도로 말미암아 온 것입니다." 로마서 8장 말씀도 참고하십시오. "율법이 육신으로 말미암아 연약하여 할 수 없는 그것을 하나님은 하시나니 곧 죄로 말미암아 자기 아들을 죄 있는 육신의 모양으로 보내어 육신에 죄를 정하사 육신을 따르지 않고 그 영을 따라 행하는 우리에게 율법의 요구가 이루어지게 하려 하심이라." 갈라디아서 3장도 말씀합니다. "율법은 믿음에서 난 것이 아니니 율법을 행하는 자는 그 가운데서 살리라 하였느니라 그리스도께서 우리를 위하여 저주를 받은 바 되사 율법의 저주에서 우리를 속량하셨으니 기록된 바 나무에 달린 자마다 저주 아래에 있는 자라 하였음이라 이는 그리스도 예수 안에서 아브라함의 복이 이방인에게 미치게 하고 또 우리로 하여금 믿음으로 말미암아 성령의 약속을 받게 하려 함이라."

그렇다면 우리는 단지 복음에 나타난 하나님의 약속을 믿고 신뢰함을 통해서만 그리스도와 그분이 주시는 모든 혜택에 참여할 수 있다는 것입니까?

네, 오직 믿음 혹은 신뢰를 통해서입니다. 요한복음 1장은 "그를 영접하는 자에게 하나님의 자녀가 되는 권세를 주셨다"고 말씀합니다. "우리는 오직 믿음으로 의롭게 된다"는 문장과 "오직 믿음 혹은 신뢰를 통하여 우리의 의로움이신 그리스도를 영접한다"는 문장은 같은 뜻임에 틀림없습니다. 왜냐하면 이 두 문장에서 그리스도를 힘입어 죄를 용서해준다는 약속을 붙잡는 것은 믿음이기 때문입니다. 오직 믿음으로 우리는 하나님 앞에서 의롭게 됩니다. 요약하면, 고린도전서 2장 말씀처럼, 하나님께서는 다른 어떤 것이 아닌 설교라는 미련한 것 혹은 복음의 약속을 통해서 그리스도를 우리에게 제공하십니다. 그러므로 그리스도는 복음의 약속을 마음으로 믿는 것 외에는 그 어떤 다른 방법으로도 영접될 수 없습니다.

믿음이란 무엇입니까?

믿음이란 하나님께서 그분의 말씀에서 나타내신 모든 것을 참되다고 믿는 확실한 지식일 뿐만 아니라(왜냐하면 야고보서 2장의 말씀대로, 악한 자까지도 믿고 떨기 때문에), 단지 은혜로 말미암아 그리스도의 공로를 유일한 근거로 하여 죄 용서와 참된 의로움과 영생이 다른 이들에게만이 아니라 나에게도 수여되었다는 것에 대한 진심어린 확신이기도 합니다. 그래서 사도 바울이 갈라디아서 2장에서 고백했던 것처럼 "나를 사랑하사 자기 자신을 버리신 그리스도," 즉 그의 육체가 내 몸을 대신하여 고난을 당하도록 내어졌고, 그의 영혼은 나의 영혼을 대신하도록 내어졌다고 중심으로 고백할 수 있습니다.

신앙고백을 암송해보십시오.

전능하사 천지를 만드신 하나님 아버지를 내가 믿사오며, 그 외아들 우리 주 예수 그리스도를 믿사오니, 이는 성령으로 잉태하사 동정녀 마리아에게 나시고, 본디오 빌라도에게 고난을 받으사 십자가에 못박혀 죽으시고, 지옥에 내려가셨다가 장사한 지 사흘 만에 죽은 자 가운데서 다시 살아나시며, 하늘에 오르사, 전능하신 하나님 우편에 앉아 계시다가, 저리로서 산 자와 죽은 자를 심판하러 오시리라. 성령을 믿사오며, 거룩한 공회와 성도가 서로 교통하는 것과 죄를 사하여 주시는 것과 몸이 다시 사는 것과 영원히 사는 것을 믿사옵나이다, 아멘.

이것은 새로 나온 신앙입니까?

그것은 사도들이 고백하고 설교했던, 오래되고, 참되며, 의심의 여지가 없는 기독교 신앙입니다. 이 짧은 신앙고백은 어떠한 것이 정통인지 아닌지 알아차리고 판단하는 일에 있어서 신뢰할만한 안내자입니다. 사도신경에 하나 혹은 그 이상 저촉된다면, 반드시 틀린 것입니다. 사도신경에 착념하기만 한다면 잘못될 수가 없습니다.

015

신앙고백으로부터 굳건한 확신과 확실한 위로를 얻어내기 위해
우리가 무엇을 해야 하는지 안내를 부탁드립니다.

무엇보다도 신앙고백의 각 조항들을 마음으로 믿고 입으로 시인하면, 하나님께서 이 신앙고백에 진술된 것들을 당신에게 약속하시고 허락하실 것입니다. 예를 들어, "본디오 빌라도에게 고난을 받으사"라고 고백했을 때, 당신은 수난 이야기를 기억하는 것은 물론이고(그것은 악한 자도 알고 있기 때문에), 예수께서 당신을 위해 고난을 당하셨다는 것과 당신이 직접 고난을 겪었어야 했을 만큼이나 그분이 겪은 고난이 당신의 것이 되었다는 것을 이 신앙고백 조항에서 하나님께서 약속하시고 재차 보장해주심을 믿어야 합니다. 혹은 "(이른바 나를 위해) 십자가에 못 박혀 죽으시고"라고 고백할 때, 하나님께서는 자기 아들을 당신을 위해 고난당하도록 하시겠다고 약속하시는 것이며, 바울이 갈라디아서 2장에서 "나를 사랑하사 자기 자신을 버리신"이라고 말씀하듯이, 그리스도가 고난을 받으시고 당신의 죗값을 지불하신 것이 당신도 직접 십자가에 못 박혔다고 할 만큼 당신의 것이 되도록 하겠다는 사실을 약속하시는 것입니다.

요컨대, 신앙고백의 각 조항에 진술된 것은 구원을 위해 당신에게 약속되고 주어진 것이라는 사실을 항상 기억하십시오. 그러한 이유로 당신은 또한 "내가 믿사오며"라고 말함으로써, 이 모든 것이

나에게 선을 이루기 위해 일어난 일이고, 가장 위대한 성도들에게 약속되고 주어졌던 것만큼이나 하나님으로부터 내게 약속되고 주어진 것임을 기억하는 것입니다. 당신은 실로 불쌍한 죄인으로서 이 땅에 홀로 거하는 외로운 작은 양이었으나, 그리스도께서 친히 복음서에서 가르치신 것처럼, 이미 천국에 있는 아흔아홉 마리 양을 남겨두고서라도 하늘의 영광을 버리고 당신에게 내려오셔서 당신을 찾아내시고는 어깨에 당신을 메어 구원하셨다는 점을 매우 확실하게 해야 합니다.

016

이 신앙고백은 몇 개의 단원으로 구분되어 있습니까?

세 개의 단원으로 되어있습니다. 첫째는 성부 하나님과 창조에 관한 것이고, 둘째는 성자 하나님과 우리의 구속에 대한 것이고, 셋째는 성령 하나님과 우리의 성화에 관한 것입니다.

성부 하나님과 창조

017

당신은 "하나님을 내가 믿사오며"라고 말합니다.
하나님이라는 단어의 뜻은 무엇입니까?

하나님은 최고선이시며, 모든 선한 것의 근원이십니다. 하나님은 우리에게 몸과 영혼과 생명과 그 외 모든 것을 주시는 분입니다. 하나님은 아버지이시고, 외아들이시며, 성령이십니다. 한 분이신 하나님은 영원한 영적 존재로서, 명철하고, 참되시며, 선하시고, 순전하시며, 공의로우시고, 자비로우시며, 의지의 자유를 가지신 전능하신 분입니다. 하나님은 자신의 말씀을 통해 우리에게 자신을 계시하시되 아무것도 없는 것에서부터 천지와 그중에 있는 모든 것을 창조하시고 보존하시는 분, 그분의 말씀과 은혜로 교회 혹은 백성을 택하셔서 자신에게로 불러 모으사 그 백성으로 하여금 금생에서부터 그분 외에 생각해낼 수 있는 온갖 신들을 경배하기를 완전히 거부하고 피하게 하시는 분으로 계시하십니다. 또한, 그렇게 한 분이신 하나님의 참 하나님 되심을 그분의 말씀에 따라 깨닫고, 경배하며, 영광을 돌리게 하심으로써 참되신 그분의 신성이 영원토록 완전한 찬양을 받으시도록 하시는 분으로 자신을 계시하십니다.

018

우리 주 예수 그리스도의 아버지와 그분의 아들과 성령이 참 하나님이시며 그 외에는 다른 신이 없다는 것을 알고 믿는 것에서부터 우리가 받게 되는 유익들에는 무엇이 있습니까?

첫째 유익은 이것이니, 곧 하나님을 바르게 아는 것이 우리의 최고선이라는 것과 우리의 몸과 영혼이 하나님의 성전이 되어 하나님께서 우리 안에서 영광을 받으시도록 하기 위하여 우리가 지으심을 받고 값으로 산 바가 되었다는 것이, 오직 한 분이시며 참되신 성부, 성자, 성령 하나님을 앎을 통해서 우리 안에 이루어진다는 사실을 우리가 아는 것입니다. 이와 같이 그리스도께서도 "내가 보혜사를 너희에게 보내리라"고 하시고, "아버지와 내가 그에게 가서 거처를 그와 함께 하리라"고 말씀하셨습니다. 고린도전서 6장 19-20절도 참고하십시오.

또 다른 유익은 바로 우리가 기도할 때, 유일하신 전능자 하나님으로서 도우실 능력이 있는 유일하신 분이시며, 참되고 신실하신 아버지이시기에 기꺼이 도우시며, 약속을 신실하게 지키시는 참 하나님을 부른다는 것을 알고 깊이 생각한다는 점입니다. 이방인들은 신이 아닌 거짓의 아비인 마귀가 고안해낸 것들을 신이라고 경배하고 있으나, 그것들은 거짓말쟁이요 살인자인 마귀가 고안해낸 것일 뿐이고, 신이 아니기에 도울 능력이 없으며, 기꺼이 돕지도 않습니다.

셋째로 이와 같은 사실로부터 우리는, 우리가 최고의 선으로부터 배교하여 하나님을 참되게 부르는 것을 잃어버린다면 몰라도 그렇지 않다면, 내면적으로든 외면적으로든 낯선 신들을 섬길 수는 없다는 결론에 도달하게 됩니다. 우리의 믿음과 기도, 그리고 기도 중에 하는 고백은 참 하나님을 경배하지 않는 이슬람교도와 그 외 이방인들의 고백과는 구별되어야 합니다. 이는 고린도후서 6장에서 하나님께서 명하신 것과 같습니다. "너희는 믿지 않는 자와 멍에를 함께 메지 말라 의와 불법이 어찌 함께하며 빛과 어둠이 어찌 사귀며 그리스도와 벨리알이 어찌 조화되며 믿는 자와 믿지 않는 자가 어찌 상관하며 하나님의 성전과 우상이 어찌 일치가 되리요 우리는 살아 계신 하나님의 성전이라 이와 같이 하나님께서 이르시되 내가 그들 가운데 거하며 두루 행하여 나는 그들의 하나님이 되고 그들은 나의 백성이 되리라 그러므로 너희는 그들 중에서 나와서 따로 있고 부정한 것을 만지지 말라 내가 너희를 영접하여 너희에게 아버지가 되고 너희는 내게 아들과 딸이 되리라 전능하신 주의 말씀이니라 하셨느니라." 각종 미신으로부터 구별되지 않고, 믿음의 대상과 부름의 대상이 다른 쪽으로 향한다면(마치 교황주의자들이 성인들과 빵과 성체를 숭배하듯이), 큰 위험에 처하게 됩니다. 성령께서는 고린도전서 10장에서 사도 바울의 말을 통하여 우리에게 이러한 위험에 대해 다음과 같이 경고하십니다. "무릇 이방인이 제사하는 것은 귀신에게 하는 것이요 하나님께 제사하는 것이 아니니 나는 너희가 귀신과 교제하는 자가 되기를 원하지 아니하노라 너희가 주의 잔과 귀신의 잔을 겸하여 마시지 못하고 주의 식탁과 귀신의 식탁에 겸하여 참여하지 못하리라 그러면 우리가 주를 노여워하시게 하겠느냐 우리가 주보다 강한 자냐." 만약 우상숭배자들이 귀신에게 제사하는 것은 아닌지 누군가가 묻는다면, "나는 절대로 귀신에게 제사하는 것이 아니고 하나님께 제사한다"라고 말하겠지만, 성령께서는 이 성경 구절을 통해 그들이 제사하는 것은 하나님께 하는 것이 아니라 귀신에게 하는 것이라고 하십니다. 이는 기독교 신앙에 맞지 않는 것은 마귀에 의하여 고안된 것이지, 하나님으로부터 온 것이 아니기 때문입니다. 그러므로 이처럼 거짓된 우상숭배를 하는 것은 하나님을 섬기는 것이 아니라 거짓의 아비인 마귀를 섬기는 것입니다. 여기서 모든 그리스도인들은 잠시 멈추어 서서, 이슬람과 교황주의(빵과 성체 숭배)에 속하여 하나님을 경배한다고 생각하지만, 실제로는 하나님께서 사도 바울을 통하여 말씀하듯이 하나님이 아니라 마귀에게 경배하는 수많은 남성과 여성들이 얼마나 불쌍한지에 대해서 생각해야 합니다. 더욱이, 그들은 우상숭배를 실천함으로써 진리의 영이신 성령께서 고린도전서 10장에서 말씀하신 것처럼, 마귀에게 엎드려 경배할 뿐만 아니라 귀신과 교제하며 그들의 모든 재앙에 참여하는 자가 되어버린 것입니다.

　　이슬람교도들과 유대인들은 그래도 자신들이 하늘과 땅의 주재이신 하나님께 경배한다고 말하지 않겠습니까? 그렇지만 천지를 창조하신 하나님은 우리가 세례를 받은 바로 그 이름, 즉 성부와 성자와 성령밖에 없습니다. 그 외 다른 하나님이 없는데도 이슬람교도들과 유대인들이 성부와 성자와 성령을 믿지도 않고 경배하지도 않기 때문에,

결과적으로 그들은 하나님을 믿지 않는 셈입니다. 교황주의자들이 빵 혹은 성광(聖光, monstranzen)에 안치된 성체에 경배할 때, 그들 역시 하나님을 경배한다고 주장하지만, 확실한 것은 그들도 하나님을 경배하지 않는다는 것입니다. 왜냐하면, 빵은 피조물이며, 피조된 것을 하나님으로 만드는 것은 기독교 신앙의 조항들에 위배되기 때문입니다. 오히려 모든 피조물은 하나님에 의하여 창조된 것이며, 빵도 하나님의 피조물입니다. 하나님은 친히 만물을 붙드시는 분으로서 인간의 손으로 섬김을 받으실 수 없으며, 인간의 손으로 만든 성전에 거하시지도 않습니다. 사도행전 7장이 말씀하듯이, "하늘은 그분의 보좌요 땅은 그분의 발등상"이기 때문에, 그들이 하나님을 경배하는 것이 아님을 알 수 있습니다.

019

그렇다면 이와 같은 연유로 이슬람교도들과 교황주의자들이 성인들이나 빵을 숭배할 때 하나같이 귀신에게 경배하는 것이라는 결론이 도출되는 것입니까?

고린도전서 10장은 "그러면 우리가 주를 노여워하시게 하겠느냐 우리가 주보다 강한 자냐"라고 말씀하기에, 우리가 하나님보다 지혜로워지려고 하거나, 하나님을 거슬러서 수군거려서는 안 될 것입니다. 하나님께서는 고린도에 두 부류의 우상숭배자들이 있었음을 고린도전서 10장을 통해 가르쳐주십니다. 한 부류는 성부, 성자, 성령 하나님을 전혀 믿지 않으면서도 교회에서 제사를 드리며 하나님을 섬긴다고 생각했던 사람들이었습니다. 오늘날 이슬람교도들이 그와 같은 사람들이며, 그들에 대하여 하나님께서는 그들이 제사하는 것은 모두 하나님이 아닌 귀신에게 하는 것이라고 말씀합니다. 그 이유는 하나님으로부터 나온 참된 신앙, 하나님을 섬기도록 하는 참된 신앙은 오직 하나뿐이기 때문입니다. 바로 이 신앙이 우리가 보편적인 기독교 신앙의 조항으로 고백하는 것입니다. 이 신앙만이 하나님으로부터 왔다고 한다면, 그리고 하나님께서 이 신앙을 통해서만 섬김 받으시기를 원하신다면, 모든 다른 신앙들은 모두 거짓의 아비, 즉 마귀로부터 오는 것이라는 결론이 나옵니다. 거짓을 가지고서는 하나님을 섬길 수 없고, 다만 거짓의 아비만을 섬길 뿐입니다.

고린도에 있던 또 다른 부류의 우상숭배자들은 스스로를 그리스도인이라고 불렸고, 세례를 받았으며, 성부와 성자와 성령 하나님을 믿는다고 고백은 했지만, 참되고 단순한 신앙에 만족하지 못하여 기독교 신앙의 조항들에 근거하지 않고, 오히려 그것들을 거스르는 우상숭배에 참여했습니다. 성령께서는 이러한 사람들에게 우상숭배를 하는 이상, 세례를 받고 그리스도인이라고 불리는 것이 유익이 없을 것이라고 경고하십니다. 그들은 우상숭배를 했기에, 어떤 형태를 취하든 이방인들 못지않게 귀신과 교제하는 사람들입니다. 사도 바울은 "나는 너희가 귀신과 교제하는 자가 되기를 원하지 아니하노라"고 말씀합니다. 그러므로 이 말은 모든 우상숭배를 피할 수 있도록 특별히 그리스도인들에게 하는 말이며, 이방인들만을 가리키는 것이라고 생각해서는 안 됩니다. 당시 고린도에는 세례를 받고, 자신이 그리스도인이라고 주장하면서도 우상숭배를 하는 이들이 있었기 때문입니다. 오늘날 교황주의자들, 그리고 귀신과 하나님, 우상과 복음을 겸하여 섬기는 상당수의 "절반-종교개혁주의자"들도 마찬가지입니다. 성령께서는 그것이 그저 불가능하다고 말씀하십니다. 우상을 섬기는 사람은 주 그리스도를 떠나 귀신과의 교제에 들어가게 됩니다. 실로 우상을 숭배하며 그 일을 고수하는 그리스도인들은 베드로후서 2장 21-22절 말씀처럼, 그리스도를 전혀 모르는 이방인보다도 더 심하게 잘못되어 있습니다.

하나님을 바르게 아는 것과 고백하는 것에서 오는 유익들뿐만 아니라 그것에서 떠날 경우에 닥칠 위험에 대해 알아보았으니, 이제 우리는 하나님을 참되게 아는 것에 관한 가르침을 더 자세히 살펴봅시다. 하나님은 오직 한 분이신 존재이신데, 왜 성부, 성자, 성령이라는 세 분을 이야기하는 것인지 말해주십시오.

우리가 하나님을 알고 하나님이 말씀을 통하여 자신을 계시하시고 알리신 방식 그대로 그분에게 붙어있기 위해서 그렇게 하는 것입니다. 하나님께서는 이 세 분의 구분되는 위격들이 하나이며 참되고 영원한 하나님이시라는 것 외에는 다른 방식으로 자신을 알리지 않으셨습니다.

한 분으로 존재하시는 하나님이, 한 분이신 그분의 존재 속에 세 분으로 구분되는 위격이 있다고 스스로를 계시하셨다는 사실을 성경에서 보여주십시오.

신명기 6장은 "이스라엘아 들으라 우리 하나님 여호와는 오직 유일한 여호와"이시라고 말씀합니다. 창조 시에 아버지와 말씀이 있었고(요한복음 1장을 보면 이 말씀은 곧 성자 하나님입니다), 창세기 1장에 나오듯이 성령도 계셨습니다. 마가복음 1장에서도 성부 하나님은 하늘로부터 오신 그분의 아들에 대하여 증거하시며, 성령 하나님께서는 성자 하나님 위에 비둘기 같은 모양으로 강림하십니다. 또한, 마태복음 28장은 "가서 모든 민족을 제자로 삼아 아버지와 아들과 성령의 이름으로 세례를 베풀라"고 말씀합니다. 고린도전서 1장 13절이 말씀하듯이, 피조물을 섬기기 위해 피조물의 이름으로 세례를 받는다는 것은 우리에게 있을 수 없는 일입니다. 따라서 우리는 세 분의 위격이 한 분 참 하나님이라는 사실을 세례를 통해 확실하게 알아야 합니다.

성자 하나님의 신성을 증거하는 성경 구절들을 알려주십시오.

첫째, 요한복음 1장, 로마서 9장, 히브리서 1장이 증거하듯이, 성자는 영원부터 성부 하나님의 신적 본질에서 나신 하나님의 아들 이시기에, 본질적으로 참 하나님이십니다. 요한복음 17장도 다음과 같이 증거합니다. "아버지여 창세전에 내가 아버지와 함께 가졌던 영화로서 지금도 아버지와 함께 나를 영화롭게 하옵소서." 로마서 1장과 예레미야 33장도 참고하십시오.

둘째, 그리스도의 신성은 창조를 통해 손쉽게 증명됩니다. 잠언 1장과 요한복음 1장은 "만물이 그로 말미암아 지은 바 되었으니 지은 것이 하나도 그가 없이는 된 것이 없느니라"고 합니다. 골로새서 1장도 참고하십시오.

셋째, 그리스도의 신성은 그가 육체로 오시기 이전에도 믿음의 조상들과 말씀했다는 사실로부터 증명될 수 있습니다. 참 하나님 여호와, 그리고 모든 피조물에 대한 그분의 사역에 대해 구약성경이 말씀한 모든 것들을 보면, 성부 하나님과 성령 하나님에 관하여 말씀하는 것 못지않게 그리스도에 대하여 말씀한다는 사실이 그리스도의 신성을 증명합니다. 영원하신 하나님 여호와께서 백성을 이집트에서 인도하여 내시고, 그 백성이 참 하나님을 시험했을 때, 성령께서는 바울을 통하여 고린도전서 10장에서 말씀하시기를 그들이 시험한 분은 바로 그리스도였다고 말씀합니다. "그들 가운데 어떤 사람들이 그리스도를 시험하다가 뱀에게 멸망하였나니 우리는 그들과 같이 시험하지 말자." 그리고 요한복음 8장은 "진실로 진실로 내가 너희에게 이르노니, 아브라함이 있기 전에 내가 있느니라"고 말씀합니다.

넷째, 성자를 믿어야만 한다는 사실로부터 그분이 한 분 참 하나님이시라는 결론이 도출됩니다. 요한복음 8장은 "너희가 만일 내가 그인 줄 믿지 아니하면 너희 죄 가운데서 죽으리라"고 했고, 요한복음 14장은 "하나님을 믿으니 또 나를 믿으라"고 말씀했습니다.

다섯째, 성경에서 성자를 참 하나님으로 보고, 사람 마음의 부르짖음이 그분께로 향하며, 그분을 궁구한다는 사실을 통해 성자의 신성이 증명될 수 있습니다. 사도행전 7장은 말씀합니다. "그들이 돌로 스데반을 치니 스데반이 부르짖어 이르되 주 예수여 내 영혼을 받으시옵소서." 마찬가지로 도마도 역시 "나의 주시며 나의 하나님"이라고 고백합니다. 고린도전서 1장도 "주 예수 그리스도의 이름을 부르는 모든 자들"이라고 합니다. 마음을 아시는 유일하신 분이신 하나님만을 경배해야 한다는 점은 언제나 확실합니다. 그러므로 성자는 참 하나님이십니다.

성자를 참 하나님으로 믿지 않는다면 어떤 위험이 존재합니까?

그러한 위험에 대해서는 그리스도가 친히 요한복음 3장에서 가르쳐주고 계십니다. "그를 믿는 자는 심판을 받지 않는 것이요 믿지 아니하는 자는 하나님의 독생자의 이름을 믿지 아니하므로 벌써 심판을 받은 것이니라." 요한일서 2장 말씀도 참고하십시오. "아들을 부인하는 자에게는 또한 아버지가 없으되." 전술한 바에 대하여 성령께서도 베드로후서 2장에서 경고하십니다. "그러나 백성 가운데 또한 거짓 선지자들이 일어났었나니 이와 같이 너희 중에도 거짓 선생들이 있으리라 그들은 멸망하게 할 이단을 가만히 끌어들여 자기들을 사신 주를 부인하고 임박한 멸망을 스스로 취하는 자들이라." 우리들을 사신 주님은 참 하나님이요 참 사람이십니다. 사도행전 20장은 "하나님이 자기 피로 사신 교회"라고 말씀하므로, 인성을 가지신 하나님이 십자가에서 피를 흘리셨다는 것을 믿지 않는 사람은 그를 사신 주님을 부인하는 사람입니다.

성령 하나님의 신성을 증거하는 성경 구절들을 알려주십시오.

성령께서 참되고 영원하신 하나님이시라는 사실은 무엇보다도 창조로부터 분명하게 증명됩니다. 창세기 1장은 "하나님의 영은 수면에 운행하시니라"고 말씀합니다. 둘째, 베드로전서 1장과 베드로후서 2장이 말씀하듯이, 모든 선지자들이 성령으로 말미암아 말했다는 사실에서 그 사실이 증명됩니다. 고린도전서 2장은 "오직 하나님이 성령으로 이것을 우리에게 보이셨으니 성령은 모든 것 곧 하나님의 깊은 것까지도 통달하시느니라 사람의 일을 사람의 속에 있는 영외에 누가 알리요 이와 같이 하나님의 일도 하나님의 영 외에는 아무도 알지 못하느니라"고 말씀합니다. 요한일서 4장도 참고하십시오. "그의 성령을 우리에게 주시므로 우리가 그 안에 거하고 그가 우리안에 거하시는 줄을 아느니라."

그러므로 성경은 하나님께서 선지자들을 통하여 말씀하셨다는 것과 성령께서 선지자들을 통하여 말씀하셨다는 것이 같은 것이라고 말씀합니다. 히브리서 1장과 사도행전 7장이 그러하고, 히브리서 10장이 이 점을 더욱 확실하게 드러냅니다. "또한 성령이 우리에게 증언하시되 주께서 이르시되 그날 후로는 그들과 맺을 언약이 이것이라 하시고 내 법을 그들의 마음에 두고 그들의 생각에 기록하리라 하신 후에 또 그들의 죄와 그들의 불법을 내가 다시 기억하지 아니하리라 하셨으니." 여기서는 성령께서 말씀하셨다고 되어있고, 예레미야 31장은 "영원하신 하나님 여호와께서 말씀하시니라"고 되어 있습니다. 그러므로 성령께서는 참되고 영원하신 하나님이시라는 결론이 도출됩니다. 사도 베드로 역시도 사도행전 5장에서 아나니아에게 "네가 성령을 속이고"라는 표현과 "사람에게 거짓말한 것이 아니요 하나님께로다"라는 표현을 함께 사용합니다. 고린도전서 6장에서 사도는 우리의 몸이 하나님의 성전임을 증명함으로써 성령께서 우리 안에 거하신다는 것을 증명합니다. 이와 같은 구절 외에도 많은 다른 구절들을 통해 볼 때, 성령 하나님께서 참 하나님이시라는 것은 분명한 사실입니다.

성령을 믿지 않는다면, 어떤 위험이 존재합니까?

성령을 믿지 않는 사람은 성부와 성자도 믿지 않습니다. 간단하게 말해서, 그런 사람은 하나님을 믿지 않습니다. 왜냐하면 성부와 성자가 우리에게 자신을 계시하실 때, 성부와 성자로부터 발출되었으며, 그분들처럼 영원한 하나님이신 성령으로 말미암아 계시하시며 우리 안에서 일하시기 때문입니다. 로마서 8장은 "그리스도의 영이 없으면 그리스도의 사람이 아니라"고 말씀합니다. 하지만 그리스도께서 요한복음 14장에서 말씀하시듯이, 성령을 모르는 사람은 성령을 받을 수 없습니다. "세상은 능히 그를 받지 못하나니, 이는 그를 보지도 못하고 알지도 못함이라." 그러므로 성령을 모르는 사람은 그리스도께 속해있는 사람이 될 수 없습니다. "그러나 너희는 그를 아나니 그는 너희와 함께 거하심이요 또 너희 속에 계시겠음이라"고 그리스도께서 말씀하십니다.

"전능하사 천지를 만드신
하나님 아버지를
내가 믿사오며"

"전능하사 천지를 만드신 하나님 아버지를 내가 믿사오며"라고 할
때에는 무엇을 믿는다고 고백하는 것입니까?

우리 주 예수 그리스도의 영원하신 아버지, 즉 영원하신 성자
및 성령과 함께 하늘과 땅 그리고 그 안에 있는 모든 것들을 창조하
시고 붙드시며 다스리시는 분이 나의 하나님이시요 아버지이시며,
하나님께서 창세전부터 그분의 아들을 통하여 나를 사랑하셨고, 그
아들로 인하여 나는 그분을 신뢰하며 그분께 소망을 둔다는 사실을
믿는다고 고백하는 것입니다. 그리고 나는 그분이 내 육체와 영혼에
필요한 모든 것을 공급해주실 것임을 의심하지 않으며, 그분의 손이
보내시는 그 어떤 역경도 나에게 선한 것이 되도록 바꿔 주실 것임을
믿는다고 고백하는 것입니다. 에베소서 1장 34절과 로마서 8장 31-
32절 말씀대로, 그분은 전능하신 하나님이시기에 그렇게 하실 능력
이 있으며, 신실하신 아버지이시기에 그렇게 하시기를 원하십니다.

왜 그분을 "아버지"라고 부릅니까?

두 가지 이유 때문입니다. 첫째, 잠언 8장 말씀처럼, 아버지로부터 영원 전에 나신 영원하며 본질적인 지혜이신 하나님 아들이시며, 로마서 1장과 누가복음 1장 말씀처럼, 인성을 취하신 후에는 하나님 아들로 계시되신 성자 그리스도를 염두에 두기 때문입니다.

둘째, 하나님께서 우리의 아버지도 되기 원하신다고 약속하셨을 뿐만 아니라, 실제로 그분의 아들을 우리의 형제로 허락하셔서, 믿음으로 말미암아 하나님 아들의 몸의 지체가 되게 하시며 우리를 하나님의 자녀로 받아주셨기 때문입니다. 그리스도께서는 요한복음 20장에서, "너는 내 형제들에게 가서 이르되 내가 내 아버지 곧 너희 아버지, 내 하나님 곧 너희 하나님께로 올라간다 하라"고 말씀하십니다. 또한 우리는 "아버지"라는 명칭을 통해, 그리스도 안에서 하나님과 우리의 유대가 형성되었다는 점과 그분의 자녀인 우리에게 향하신 그분의 사랑이 흔들림이 없다는 점을 배웁니다. 예수님께서는 요한복음 17장에서 "거룩하신 아버지여 내게 주신 아버지의 이름으로 그들을 보전하사 우리와 같이 그들도 하나가 되게 하옵소서"라고 하시고, "아버지께서 나를 보내신 것과 또 나를 사랑하심 같이 그들도 사랑하신 것을 세상으로 알게 하려 함이로소이다"라고 말씀하십니다.

하나님께서 "전능"하시다는 사실을 어떻게 이해해야 합니까?

하나님께서 전능하시다는 것을 공허한 권능으로 이해하지 않고, 능력과 효력이 있는 적극적인 권능이라고 이해해야 합니다. 또한 동시에 하나님께서 전능하신 능력으로 모든 피조물을 창조하신 것처럼 만물을 그분의 능력과 그분의 손으로 붙드시며, 그분의 통제가 없이는 아무 일도 일어날 수 없도록 하는 그분의 섭리로 모든 것을 통제하신다고 이해해야 합니다. 그럼으로써 우리는 이처럼 권능이 있으시며 섭리하시는 아버지, 곧 그분의 손과 아무도 거스를 수 없는 권능으로 모든 것을 다스리시는 그 아버지께 참된 신앙으로 완전히 복종하려고 하는 것입니다. 우리가 전능하신 하나님과 언약을 맺고 영원히 그분과 화목하게 되었으니, 그 어떤 피조물의 능력으로도 우리를 해칠 수 없다는 것이 확실해집니다. 요한복음 10장에서 예수께서는 아무도 나의 어린양들을 내 손에서 빼앗을 수 없다고 말씀하시며, "그들을 주신 내 아버지는 만유보다 크시매 아무도 아버지 손에서 빼앗을 수 없느니라 나와 아버지는 하나이니라"고 하셨습니다. 로마서 8장 38-39절도 그와 같이 말씀합니다.

왜 우리는 "천지를 만드신"이라고 말합니까?

우리와 언약을 맺으신 분이 알지 못하는 신이 아니요, 사도행전 17장 그리고 "너희는 여호와의 선하심을 맛보아 알지어다 그를 신뢰하는 자는 복이 있다"고 말씀하는 시편 34편처럼, 날마다 우리로 하여금 그분을 "만지고 맛볼 수 있도록" 허락하시는 하나님이시라는 것을 하나님의 창조를 상고함을 통하여 알게 됨으로써 우리의 믿음이 강해지기 때문입니다. 우리가 사용하고 소비하는 모든 피조된 것들은, 이 사랑스런 하나님의 전능하심과 지혜로우심과 선하심과 자비하심을 날마다 증거합니다. 이러한 미덕들은 피조물들을 통해 분명한 표시로 나타나게 되어 있습니다. 로마서 8장과 요한일서 3장 말씀처럼 우리가 이 비참함을 떠나 하나님께서 계신 그대로 천상의 고향에서 그분을 뵈오며, 그분의 기이한 빛에 들어가 하나님 자녀들의 영광이 완벽하게 계시될 때까지는 피조물이라는 사랑스러운 거울을 통해 그러한 미덕들이 우리에게 계속해서 나타나게 될 것입니다.

하나님께서 천지를 창조만 하시고 그 후에는 피조물로부터 멀리
떨어져 계시는 것이 아니라는 말씀이지요?

물론입니다. 하나님께서는 만물을 창조하셨을 뿐만 아니라 끊
임없는 능력으로 그것을 붙드시며, 그분의 기이한 섭리로 그것을 다
스리신다고 믿습니다. 그렇게 하심에 있어서 하나님께서는, 히브리
서 1장과 시편 104편과 골로새서 1장 말씀처럼, 멀리 떨어져 계시지
않으며, 일반적 역사만을 하시는 것도 아니고, 가까이 계시면서 참
새와 지극히 작은 머리카락까지도 특별하게 돌보신다고 믿습니다.
예레미야 10장, 잠언 20장, 신명기 28장, 사도행전 14장, 마태복음
10장, 누가복음 12장을 보십시오.

하나님의 섭리라는 교리가 전체적으로 어떻게 구성되어 있는지에
대해 서술해주십시오.

하나님의 섭리라는 교리는 전체적으로 볼 때 다섯 개의 주요
부분으로 구성됩니다. 첫째, 하나님의 신실한 종은 모든 것이 하나
님의 작정에 의하여 일어나는 것으로, 우연 혹은 행운이나 불운에 의
하여 일어나는 것이 아님을 내면에서부터 완전히 믿어야 합니다. 그
래서 모든 일들 중에서도 하나님의 종은 그 마음의 눈을 그와 더불어
언약을 맺으신 하나님께 직접적으로 고정하면서, 그분을 모든 것의
원천이요 원인으로 바라보아야 합니다. 성경은 요셉이 창세기 45장
에서 다음과 같이 말함을 통하여 이 사실을 증거하고 있습니다. "나
를 이리로 보낸 이는 당신들이 아니요 하나님이시라…하나님이 생명
을 구원하시려고 나를 당신들보다 먼저 보내셨나이다." 욥도 그의 소
유를 빼앗아간 갈대아인들에 대해 생각하지 않고 다만 "주신 이도 하
나님이시요 거두신 이도 하나님이시오니 주님의 이름이 찬송을 받으
실지니이다"라고 고백했습니다. 출애굽기 21장 역시 "사람이 고의적
으로 한 것이 아니라 하나님이 사람을 그의 손에 넘긴 것"이라고 했
고, 잠언 16장은 "제비는 사람이 뽑으나 모든 일을 작정하기는 여호
와께 있느니라"고 했으며, 마태복음 10장은 "참새 두 마리가 한 앗사
리온에 팔리지 않느냐 그러나 너희 아버지께서 허락하지 아니하시면

그 하나도 땅에 떨어지지 아니하리라 너희에게는 머리털까지 다 세신 바 되었나니 두려워하지 말라 너희는 많은 참새보다 귀하니라"고 말씀합니다. 그리고 야고보서 4장은 다음과 같이 말씀합니다. "들으라 너희 중에 말하기를 오늘이나 내일이나 우리가 어떤 도시에 가서 거기서 일 년을 머물며 장사하여 이익을 보리라 하는 자들아 내일 일을 너희가 알지 못하는도다 너희 생명이 무엇이냐 너희는 잠깐 보이다가 없어지는 안개니라 너희가 도리어 말하기를 주의 뜻이면 우리가 살기도 하고 이것이나 저것을 하리라 할 것이거늘 이제도 너희가 허탄한 자랑을 하니 그러한 자랑은 다 악한 것이라 그러므로 사람이 선을 행할 줄 알고도 행하지 아니하면 죄니라."

032

그렇다면 하나님이 죄의 원인자이십니까?

전혀 아닙니다. 하나님께서는 섭리로 모든 것을 다스리면서도, 죄로부터 자유롭고 순결한 상태를 유지하십니다. 어떤 행동이 선한지 혹은 악한지를 결정하는 것은 사람이 어떤 목적과 목표를 염두에 두느냐에 달린 것입니다. 하나님께서는 그의 모든 사역에 있어서 그분의 영원하시며 변함이 없는 의로움에 걸맞는 목적과 목표를 가지고 계십니다. 하지만 사람들은 하나님의 뜻을 따르지 않고 하나님을 거슬러 그분께서 말씀으로 우리에게 요구하시는 그 복종을 행하지 않음으로써 죄를 범합니다. 요셉의 형제들은 하나님의 목적과 목표와는 다른 목적과 목표를 가지고 있었습니다. 요셉의 말처럼, 그의 형들은 그를 "해하려 하였으나, 하나님은 그것을 선으로 바꾸사 오늘과 같이 많은 백성의 생명을 구원하게 하시려" 하셨습니다. 욥이 고통을 받을 때에 악한 자가 가졌던 목표는 주 하나님을 모독하고 욥을 절망으로 몰아가려는 것이었습니다. 갈대아인들은 그들의 강도질을 통해 부자가 되려는 목표를 가졌었습니다. 하지만 하나님은 이 모든 사건들 속에서도 그분의 종 욥의 믿음과 인내를 보존해주시는 방식으로 역사하시면서 그분의 영광을 드러내시고, 결국에는 욥을 구하여 주심으로써 사탄이 수욕을 당하고 그의 코가 납작해지도록 하셨습니다.

다윗 역시 사무엘하 16장에서 하나님께서 그분의 의로우심에 따라 행동하시면서 시므이를 사용하신다는 것을 깨달았을 때, "여호와께서 그에게 명령하신 것이니 그가 저주하게 버려두라"고 하였습니다. 하지만 동일한 행동을 두고 열왕기상 2장 8절에서 다윗은 시므이의 죄가 중하다고 판단했고, 사무엘하 19장 19절에서는 시므이조차 그것을 인정했습니다. 이렇게 된 이유는 하나님께서 다윗으로 하여금 하나님을 공의롭고 자비로우신 분으로 공경할 수 있도록 하기 위해 악한 도구를 어떻게 사용해야 다윗을 겸비하게 만들 수 있는지를 매우 잘 아셨기 때문입니다. 하지만 시므이는 하나님의 뜻과 법에 상충되는 전혀 엉뚱한 목표를 가지고 그러한 행동을 한 것이었습니다. 또한 열왕기상 2장 36-44절에서 악한 도구라고 할 수 있는 시므이의 단점과 죄가 적발되었을 때, 그는 마침내 하나님의 심판과 기이한 섭리에 따라 형벌을 받게 됩니다. 이러한 사건에서 쉽게 알아차릴 수 있는 것은 모든 것이 하나님의 섭리에 따라 일어나지만, 그 와중에서도 하나님께서는 마귀와 비뚤어진 인간 본성에 속한 모든 죄와는 상관없이 순결함을 유지하신다는 것입니다.

033

하나님이 죄로부터 순결을 유지하는 방식으로 역사하신다는 것을
명백하게 증거하는 신약성경 구절들을 알려주십시오.

그리스도의 수난이야말로 그 탁월한 예라고 할 수 있습니다.
그리스도가 죽임을 당한 것은, 바리새인들과 가룟 유다와 본디오 빌
라도, 그리고 심지어는 하나님 자신까지 포함한 모두의 협력으로 이
루어진 것입니다. 하나님께서는 이 일들을 허용하시고 감찰하셨을
뿐만 아니라, 실제로 그 일이 이루어지도록 하시며 자기 아들을 벌하
심으로써 이사야 선지자를 통해 하신 "여호와께서는 우리 모두의 죄
악을 그에게 담당시키셨도다…여호와께서 그에게 상함을 받게 하시
기를 원하사 질고를 당하게 하셨은즉"이라는 말씀을 이루셨습니다.
사도행전 4장의 경우에도 "과연 헤롯과 본디오 빌라도는 이방인과
이스라엘 백성과 합세하여 하나님께서 기름 부으신 거룩한 종 예수
를 거슬러 하나님의 권능과 뜻대로 이루려고 예정하신 그것을 행하
려고 이 성에 모였나이다"라고 말씀합니다.

여기서 각 참여자들은 각자의 목표가 있었습니다. 하나님은
자기 아들이 고난받도록 하심으로써 우리 죄에 대한 형벌을 그에게
담당시키셔서 인류로 하여금 영원한 형벌을 받고 멸망하지 않도록
하는 것을 목표로 하셨습니다. 가룟 유다는 예수님을 배반함으로써
은 30냥을 얻고 그의 탐욕을 채우는 것을 목적으로 했습니다. 바리

새인들과 대제사장 가야바는 마태복음 23장에서 그리스도께서 그들의 위선을 묘사함으로 말미암아 약화되었던 그들의 오랜 영광과 우월성이 백성 앞에서 끌어올려지도록 하려는 목적을 가지고 있었습니다. 왜냐하면 그들은 사람의 영광을 하나님의 영광보다 더 사랑하였기 때문입니다. 그들은 또한 로마인들이 와서 유대 백성들을 사로잡아 갈까 염려하였기에, 한 사람이 그 백성을 위해 죽는 것이 낫다고 생각했습니다. 비록 상당히 엉뚱한 생각을 가지고는 있었으나, 이와 같은 조언을 함으로써 그 해의 대제사장 가야바는 하나님께서 그와 그의 지지자들을 통하여 하나님께서 성취하시기로 의도하신 바로 그 목적과 목표를 예언했습니다. 마지막으로 빌라도는 바리새인들이 그를 협박했던 바로 그 문제, 즉 로마 황제의 총애를 상실하지 않는 것을 그의 목표로 했습니다. 이제 어느 누가, 자기 외아들이 인류의 보증인과 화해자가 되게 하기 위해 그 외아들을 죽음에 내어주시고, 또한 우리 죄를 벌하시기 위해 그 외아들의 영혼과 몸에 극한의 진노를 쏟아부으시고 극단의 고통을 겪도록 하신 성부 하나님이 범죄했다고 말하겠습니까? 그 누구가 그리스도가 죽임 당할 일을 한 적이 없음을 알고도 그리스도를 죽였던 가룟 유다와 가야바와 바리새인들과 빌라도가 범죄하지 않았다고 말하겠습니까? 이 사건에서 그들은 하나님의 목표와 목적을 바라보지 않고, 오히려 하나님의 목표와 목적과는 상관이 없으며, 하나님께서 말씀으로 그들에게 계시하셨던 하나님의 뜻에도 반대되는 다른 목표와 목적을 바라보고 있었습니다.

034

하나님의 섭리 교리의 두 번째 주요 부분은 무엇입니까?

모든 것이 하나님의 섭리에 의하여 이루어진다는 것을 확신하는 데에만 그치지 않고, 하나님의 섭리가 당신에게까지 이르러 당신을 보호한다는 것을 확신해야만 한다는 부분입니다. 큰 확신을 가지고 계속해서 작은 믿음에 머물러 있지 않도록 하기 위하여, 그리스도께서는 "믿음이 작은 자들아" 하시면서 작은 믿음을 책망하셨으므로, 그리스도의 다음과 같은 지시를 따라야 하겠습니다.

첫째, 우리의 눈앞에 자리 잡고 그려지고 묘사된 가장 미천한 피조물들을 향한 하나님의 약속, 즉 하나님께서 기르시는 새들과 하나님께서 입히시는 들에 핀 백합화들을 향한 약속을 있는 그대로 바라보십시오. 그리고 아버지께서 작은 새들도 돌보시고 "오늘 있다가 내일 아궁이에 던져지는 들풀도 하나님이 이렇게 입히시거든 하물며 너희일까 보냐 믿음이 작은 자들아"라고 말씀하신 그리스도의 약속을 기억해야 하겠습니다. 하지만 우리가 창조의 법칙에서 탈선하여 여전히 의심할 수 있으므로 그리스도께서는 우리 하늘 아버지에 대해 언급하시면서, 신뢰가 없이 "무엇을 먹을까" 혹은 "무엇을 입을까" 질문하는 것은 이방인들에게 해당되는 것이지 그리스도로 말미암아 하나님을 하늘 아버지로 믿는 이들에게 해당되는 것이 아님을 말씀하십니다.

둘째, 모든 약속들의 보증이 되신 분이시며, 그분으로 말미암아 백합화들과 새들과 질병들과 대적들과 하늘과 땅에 있는 모든 것들이 만들어졌고, 히브리서 1장이 증거하는 것처럼 그의 능력의 말씀으로 만물을 붙드시는 분이신 하나님 아들을 눈앞에 위치시키십시오. 만유의 후사로 임명을 받으신 이 아들을 아버지께서는 자기 사랑의 보증으로서 죽도록 내주셨으며, 은혜로 값없이 그 아들과 함께 상속자가 되도록 정하셨습니다. 그렇다면 당신의 보증인이신 하나님의 아들의 직접적인 운행하심이 없이는 살 수도 없고, 움직일 수도 없는 피조물이 당신에게 해를 입히는 것이 어떻게 가능하겠습니까? 모든 창조된 것들은 그분 안에서 존재하고, 그분에게 다스리심을 받으며, 당신은 그분과 함께 공동으로 상속자가 되었습니다. 그렇다면 피조물의 대부분이 당신을 대적하는 것처럼 보일 때조차도 피조된 것들이 당신을 섬기고 당신의 선을 이루기 위해 합력하는 것은 불가능할 수가 없는 일이 됩니다. 사도 바울은 로마서 8장에서 이러한 보증에 대하여 말하고 있습니다. "그런즉 우리가 무슨 말 하리요 만일 하나님이 우리를 위하시면 누가 우리를 대적하리요 자기 아들을 아끼지 아니하시고 우리 모든 사람을 위하여 내주신 이가 어찌 그 아들과 함께 모든 것을 우리에게 주시지 아니하겠느냐."

셋째, 일단 이러한 토대가 놓이면, 즉 당신을 위해 죽으시고 다시 살아나시고, 하나님 오른편에서 모든 것을 다스리시며, 그 안에서 모든 약속이 예(Yes)와 아멘이 되는 보증인 그리스도를 믿음으로 붙잡으면, 우리는 함께 하나님의 좀 더 많은 약속들을 바라볼 수 있습니다. 시편 91편은 그것을 "지존자의 은밀한 곳에 거주하며 전능자의 그늘 아래에 사는 자"라는 말로 매우 아름답게 표현합니다. 그 시편 전체를 읽어보시기 바랍니다. 이사야 49장 말씀도 참고하십시오. "시온이 이르기를 여호와께서 나를 버리시며 주께서 나를 잊으셨다 하였거니와 여인이 어찌 그 젖 먹는 자식을 잊겠으며 자기 태에서 난 아들을 긍휼히 여기지 않겠느냐 그들은 혹시 잊을지라도 나는 너를 잊지 아니할 것이라 내가 너를 내 손바닥에 새겼고...." 스가랴 2장에서 "너희를 범하는 자는 그의 눈동자를 범하는 것이라"고 말씀한 것도 참고하십시오. 시편 23편과 55편도 참고하십시오. "네 짐을 여호와께 맡기라 그가 너를 붙드시고 의인의 요동함을 영원히 허락하지 아니하시리로다." 베드로전서 5장도 참고하십시오. "너희 염려를 다 주께 맡기라 이는 그가 너희를 돌보심이라." 로마서 8장도 참고하십시오. "우리가 알거니와 하나님을 사랑하는 자 곧 그의 뜻대로 부르심을 입은 자들에게는 모든 것이 합력하여 선을 이루느니라." 당신의 자격과 상관없이 하나님께서는 이것들을 약속하신 것이며, 그것도 한 개의 약속이 아닌 여러 개의 약속이니, 이 모든 것을 통해 하나님의 섭리가 당신에게까지 미쳐서 당신을 확실하게 보호하고 보존한다는 결론에 틀림없이 넉넉히 도달할 수 있어야만 하겠습니다. 하나님께서는 당신의 그 어떤 공로도 요구하지 않고, 다만 당신이 그리스도를 진정한 신뢰로 영접하고, 하나님께서 값없이 주시는 분이요 모든 약속의 보증인이신 그리스도께 당신을 드릴 것을 요구하십니다.

넷째, 다윗이 유월절 기간에 "주께서 행하신 기적을 일일이 알려 말하고자 하나 너무 많아 그 수를 셀 수도 없나이다"라고 말했던 것처럼, 체험 그 자체를 살펴보십시오. 당신은 또한 다음과 같이 생각을 해야 합니다. "내가 이제 매우 늙었는데, 하나님께서 나를 하루라도 버리신 적이 있었던가? 빵이든 사과든 혹은 마실 물이든 하나님께서 오늘은 나에게 자비를 나타내지 않으셨다고 진실하게 말하는 것이 한 번이라도 가능하겠는가?" 지옥에 있으면서 작은 한 방울 물을 대단한 자비로 여겼던 부자보다 더 감사할 줄 모르는 인간이 되기를 바라지 않는 이상, 우리는 분명 하나님께서 우리를 하루라도 버리신 적이 없다는 것을 고백해야만 합니다. 하나님께서 우리를 많은 세월 동안 이렇게 후대해주셨는데, 우리가 어떻게 그분을 참소함으로써 그분을 힘입어 존재하는 우리의 여생 동안 그분을 신뢰하지 못하도록 할 수 있겠습니까? 진실로 하나님께서 우리 어머니의 모태에서부터 오늘까지 우리에게 보여주신 모든 기이한 일들은 우리가 그분을 신뢰하는 이상, 그분께서 이제부터 영원토록 우리의 하나님이요 우리의 아버지가 되실 것임을 증명하는 수많은 증거들이라고 하겠습니다.

마지막으로, 당신의 구주이자 머리이신 예수 그리스도께서 떠나시면서 작별인사로 하신 "볼지어다 내가 세상 끝날까지 너희와 항상 함께 있으리라"고 하신 말씀을 마음에 붙잡고, 힘들게 일할 때에든지 시험을 받을 때에든지 혹은 고락 간에든지 그 말씀이 지금도 여전히 그리고 평생 유효하다는 사실을 기억하십시오.

035

이제는 하나님의 섭리 교리의 세 번째 주요 부분에 대해서 말해
주십시오.

주위를 돌아보면 사람들과 관련된 부분도 있고, 그 외의 피조
물들고 관련된 부분도 있는데, 우리의 삶 자체가 사람들과 피조물들
이라는 두 방면 모두와 관계된 것이기에, 우리는 하나님의 섭리가 사
람들 뿐만 아니라 그 외 모든 피조물들도 다스리고 있음을 의심하지
말아야 합니다. 이는 무엇보다도 존엄하신 하나님께서 선하든지 악
하든지 모든 사람의 계획과 뜻과 능력과 힘을 그의 손에 쥐고 계셔
서, 그것들을 당신에게 호의적인 생각의 틀 안에 집어넣으실 수도 있
고 혹은 그것들의 해악을 제어하고 극복하도록 하실 수도 있기 때문
입니다. 전자의 예는 창세기 33장에서 에서가 그의 형제 야곱을 맞
으러 나와서 그를 맞아 목을 안고 입을 맞추었던 것에서 찾을 수 있
습니다. 물론 이전에 에서는 그의 형제 야곱의 대적이었지만, 에서
의 마음을 돌이켜 부드럽게 해달라고 야곱이 하나님께 기도했을 때,
하나님은 그의 간구를 들으셨고, 에서의 협조 없이도 에서 내면의 심
사와 야곱을 대적하던 계획을 변화시키셔서 야곱에게 친근히 하도록
감동을 주셨습니다. 이렇듯 우리 대적의 모든 심사와 계획도 그분의
손에 있기에 우리 역시 하나님께 기도해야만 합니다. 출애굽기 3장
에서도 주님은 "내가 애굽 사람으로 이 백성에게 은혜를 입히게 할지

라 너희가 나갈 때에 빈손으로 가지 아니하리니" 말씀하십니다. 후자의 예는 창세기 35장에서 찾아볼 수 있습니다. "그들이 떠났으나 하나님이 그 사면 고을들로 크게 두려워하게 하셨으므로 야곱의 아들들을 추격하는 자가 없었더라." 그 외 피조물들에 관해 말하자면, 그것들에 대한 하나님의 섭리가 있어 그것들을 다스리시되, 주 하나님께서 친히 그 피조물들이 신자들에게 할 수 있는 모든 것을 주관하시고, 로마서 8장 말씀대로 그분의 소유된 백성들에게 유익이 되도록 하시는 방식으로 그것들을 다스리신다고 하겠습니다.

하나님의 섭리의 네 번째 주요 부분에 대해서 말해 주십시오.

네 번째는 우리가 보지 못하는 피조물, 즉 천사와 마귀를 다스리시는 하나님의 섭리입니다. 일단 신자들은 시편 34편과 91편, 창세기 24장에서 주님이 약속하신대로, 주 하나님께서 보다 우월한 영들인 천사들을 사용하셔서, 신자들 혹은 그분의 언약에 참여하는 사람들을 시중들고 보호하도록 하신다는 사실을 기억해야 합니다. 그리고 하나님이 택한 백성의 구원을 취소시키기를 원하는 귀신들을 비록 그분의 능력과 지혜에 따라 천사들을 다스리듯이 다스리지는 않지만, 그래도 악령들을 사용하셔서 그들로 하나님이 기뻐하시는 방향으로 움직일 수밖에 없도록 하십니다. 사실 욥기 1장, 누가복음 22장, 로마서 15장, 고린도전서 10장 말씀처럼, 악령들은 하나님의 뜻을 대적한다고 하지만 필연적으로는 결국 그분의 뜻을 성취하게 되어 있습니다.

하나님의 섭리의 다섯 번째 주요 부분에 대해서 말해 주십시오.

하나님을 신뢰하지 않고 수단에 의지하거나 피조물을 합당하지 않게 신뢰하는 것은 피해야 합니다만, 그런 경우만 아니라면 우리는 믿음으로 복종하는 마음으로 하나님께서 공급하시는 수단들을 사용해야 합니다. 이것은 우리가 하나님의 섭리의 도구로 쓰임 받는 것들을 거부하고, 하나님께 그분의 방식과는 다른 우리가 바라는 방식대로 우리를 도와달라고 정해놓음으로써, 그분의 계명과는 정반대로 하나님을 시험하는 일이 없도록 하기 위함입니다. 하나님께서는 우리에게 하나님 말씀에 부합하는 수단들을 제공하심으로써 그분의 뜻을 명확하게 하십니다.

하나님의 섭리 교리의 열매와 유익에 대하여 요약해서 말해 주십
시오.

하나님께서 범사에 일하고 계시기 때문에, 모든 일을 주관하
시는 하나님께서 영원한 화목을 이루셨으며, 그분이 아버지가 되신
다는 사실을 마음으로부터 믿는 사람은 그에게 일어나는 일들이 빌
립보서 1장 28-29절 말씀처럼 진실로 하나님의 선하신 일이라는 사
실도 굳게 믿어야 한다는 결론에 도달합니다. 그것이 일반적인 일이
든 구체적인 일이든, 그를 위하는 것이든 아니면 대적하는 것이든,
혹은 어떤 외관을 가지고 있든지 상관없이 말입니다. 그러므로 누구
든지 하나님께서 선한 일들을 행하신다는 것을 이해하지 못하고 나
에게 발생한 어떤 안 좋은 일로 인해 모욕을 당했다고 하거나 극도로
분을 내거나 심하게 괴로워하는 사람은 하나님에 대한 그의 믿음이
약하다는 것을 보여줄 뿐입니다.

하나님의 섭리에 대한 지식으로부터 신자들이 얻는 유익의 다양한 부분에 대해서 설명해 주십시오.

구체적으로 세 가지의 유익이 있다고 하겠습니다. 첫 번째 유익은, 잘 되어갈 때 감사하는 것입니다. 사람들을 통하여 하나님의 선하심을 경험하든 혹은 그 외 피조물을 통해 하나님의 도우심을 경험하든 범사가 잘 되고 우리가 좋아하는 방향으로 일이 흘러갈 때, 우리는 그것을 하나님 덕분으로 여기고 그로 인해 하나님께 감사해야 합니다. 예레미야 5장, 사도행전 3장, 사도행전 14장이 말씀하듯이, 사람들의 마음이 당신을 향해 기울도록 하시고, 피조물들에게 힘을 계속 주셔서 그 피조물들이 나를 향한 하나님의 선하심과 자비하심의 도구로 기능할 수 있도록 하시는 분은 하나님이라는 사실을 신자들은 기억해야 합니다. 이것은 우리가 하나님의 인자하심이 없이는 물 한 방울조차 마실 수 없다고 할 정도로 참됩니다.

두 번째 유익은 무엇입니까?

　　일반적인 삶의 모든 역경 중에서 인내를 가지도록 하고, 그중
에서도 특별히 복음의 진리를 위해 받는 박해 가운데 인내를 가지도
록 해줍니다.

041

다음과 같은 방식으로 얻게 됩니다. 우리가 인내하지 못하는 이유는 실제로 이 모든 일을 행하시는 아버지이신 하나님께 집중하기보다는 우리를 억누르는 피조된 것들에 집중하기 때문입니다. 영적인 시련이란 바로 우리 믿음과 인내를 점검하는 수단이며, 하나님께서 현재 운행하시는 도구로서, 하나님의 약속에 따라 어려움이 크든 작든 모든 일이 합력하여 선을 이루기 위한 것입니다. 그렇기 때문에 하나님의 섭리의 교리를 알게 된 신자는 그를 괴롭히는 피조된 것들에 대해서 지나치게 생각해서는 안 되고, 그를 고통스럽게 하는 것들에 사로잡혀서도 안 됩니다. 도리어 신자는 그의 마음을 위로 향하여 우리를 징계하시는 아버지 하나님의 손길을 바라봐야 합니다. 하나님 아버지의 손길을 바라보면, 우리의 아이 같은 중심에 인내와 온유함이 강하게 각인되게 마련인데, 창세기 45장의 요셉이 그러했고, 욥기 1장의 욥이 그러했으며, 사무엘하 16장의 다윗도 그러했습니다.

두 번째 유익과 관련하여 복음을 위해 받는 박해 속에서 어떻게
이 교리로부터 인내를 얻게 됩니까?

복음의 대적들은 박해의 순간에도 그리스도인들을 다스리시며
그들의 중심과 마음에 운행하셔서 그들을 보호하시는 하나님의 감독
이 없으면, 그들의 마음과 중심에 단 하나의 생각도 할 수 없고 손가
락 하나라도 들어 그 생각을 실행할 수 없습니다. 더욱이, 그들의 박
해는 하나님께서 영원 전부터 그들을 위해 세우신 한계를 넘어갈 수
없습니다. 하나님은 그와 같은 박해가 어느 정도까지 갈 것인지 이미
실제적으로 결정하시고 결심하셨습니다. 사도들이 박해 중에서 성
령으로 말한 것을 보십시오. "과연 헤롯과 본디오 빌라도는 이방인
과 이스라엘 백성과 합세하여 하나님께서 기름 부으신 거룩한 종 예
수를 거슬러 하나님의 권능과 뜻대로 이루려고 예정하신 그것을 행
하려고 이 성에 모였나이다." 요한복음 7장 30절과 8장 20절도 참고
하십시오. 헤롯과 빌라도와 이방인들과 유대인들이 우리의 머리이
신 그리스도를 고문할 때, 그들은 하나님의 목적과 손길이 영원 전
부터 미리 정하신 것 이상을 할 수 없었습니다. 마찬가지로, 빌라도
와 헤롯과 바리새인들, 그리고 불쌍하고 미혹을 받은 오늘날의 백성
들 역시 하나님의 목적과 손길이 미리 정하신 것보다 더 심한 박해를
그리스도의 지체들에게 가할 수 없고 그렇게 할 생각조차 할 수 없습

니다. 하나님께서 말씀으로 약속하셨던 것처럼 하나님께서 결정하신 것 중에 우리에게 유익하지 않은 것은 하나도 없습니다. 설령 우리가 그분의 이름 때문에 죽어야만 할 때가 오더라도, 바울은 빌립보서 1장 29절과 12, 20, 22, 28절에서 "그리스도를 위하여 너희에게 은혜를 주신 것은 다만 그를 믿을 뿐만 아니라 또한 그를 위하여 고난도 받게 하려 하심이라"고 말씀합니다. 그리하여 그리스도께서 고난을 받으신 후에 영광에 들어가신 일이 하나님의 영원한 목적에 기반했던 것처럼, 그리스도의 지체들이 그 머리와 일치되기 위해서 먼저는 고난에 참여하고 그 다음에 영광에 참여하는 일 역시 하나님의 영원한 목적에 기반한다는 결론에 도달합니다(롬 8:28-29).

세 번째 유익은 무엇입니까?

그것은 바로 선하고, 고요하고, 안정된 심령과 온유한 영으로, 지금까지와 앞으로 하나님의 손길로부터 올 모든 것을 선을 이루기 위해 기대하는 것입니다. 우리의 삶은 매일 우리를 죽음의 위협에 처하게 하는 무수한 위험에 둘러싸여 있기에, 하나님의 섭리의 빛이 성령의 은혜로 말미암아 그 위험들을 꿰뚫을 때에야 모든 근심과 두려움과 걱정이 우리의 심령에서 제거될 것입니다. 이 빛으로 말미암아 신자는 자신이 하나님의 보호하심 아래 있고 그분과 연합하여 있다는 것, 천사들이 명을 받아 신자를 돌보고 있다는 것, 피조물이 가할 수 있는 모든 상해와 위험으로부터 신자가 자유하다는 사실, 그리고 그 어떤 피조물의 적개심도 만유를 다스리시는 하나님께서 허락하기로 뜻하지 않는 한 생겨날 수 없으며 다만 신자의 선을 이루기 위해 합력할 뿐이라는 사실을 로마서 8장, 시편 91편, 시편 119편에서 말씀하는 것처럼 알고 확신하게 됩니다. 이것이야말로 신자가 창조주 하나님과 결부된 언약이요, 동시에 창조주의 뜻이 없이는 살 수도 없고 움직일 수도 없는 피조물과의 언약인데, 이 피조물과의 언약에 대해서는 호세아 선지자가 호세아 2장에서 잘 기록하고 있습니다.

비록 이 교리에 많은 열매들과 유익들이 있지만, 우리는 그중에서도 가장 중요한 것들만 설명했습니다. 진실로 하나님의 섭리에 대해 무지한 것이야말로 측량할 수 없는 비참함으로 인도하는 지름길이라고 말할 수 있습니다. 섭리 교리에 대한 지식을 갖는 것이 참 행복의 시작입니다.

성자 하나님과 우리의 구속

044

이제 이어지는 단원, 즉 성자 하나님과 구속에 대해서 다루겠습니다. 왜 하나님의 아들 예수 그리스도를 믿는다고 말합니까?

첫째, 성자 하나님을 성부 하나님과 동일본질이며 동일한 영광을 가진 분으로 보기 때문에, 예수 그리스도를 신뢰하는 올바른 믿음을 가졌다고 말하는 것입니다. 성경이 증거하는 것처럼, 예수님은 "나와 아버지는 하나이니라"고 하셨고, "하나님을 믿으니 또 나를 믿으라"고 하셨습니다. 로마서 9장과 디모데전서 1장도 참고하십시오.

둘째, 성부 하나님의 명령에 따라서 성자 예수 그리스도를 믿는 것이기 때문입니다. 그분을 굳게 신뢰하기에 그분을 통하여 그리고 그분으로 인하여 이 구원이 우리에게 오게 되어, 우리는 은혜로 받아들여지고, 들으심을 얻었고, 구원을 받았습니다. 성부께서 하늘로부터 "이는 내 사랑하는 아들이요 내 마음에 기뻐하는 자라"고 말씀하신 명령은, 그분의 아들을 통하여 그분의 심령이 우리를 기뻐하신다는 약속을 동반하는 것입니다. 우리는 성자 하나님이 성부 하나님의 이러한 명령과 약속을 요한복음 6장에서 다음과 같이 설명하시는 것을 듣습니다. "나를 보내신 내 아버지의 뜻은 아들을 보고 믿는 자마다 영생을 얻는 이것이니 마지막 날에 내가 이를 다시 살리리라." 성부 하나님은 이러한 명령에 순종하지 않는 자들에게 영원한 형벌을 내리겠다고 하는 말씀을 결부하실 정도로 매우 진지하십니다. 요한복음 3장은 "아들을 믿지 아니하는 자는 영생을 보지 못하고 도리어 하나님의 진노가 그 위에 머물러 있느니라"고 하였고, 마찬가지로 요한복음 8장도 "너희가 내가 그인줄 믿지 아니하면 너희 죄 가운데서 죽으리라"고 하였습니다. 요한일서 2장도 참고하십시오. 이렇게 하나님의 아들을 믿는다고 고백함으로써, 중심으로부터 이러한 명령과 성부 하나님의 은혜로운 약속에 순종한다고 고백하는 것이며, 아무리 불쌍하고 자격이 없을지라도 영원하신 성자 하나님으로 인해 용납되기를 갈망한다고 고백하는 것입니다. 그리고 많은 죄들에 더하여 하나님의 아들을 거부하는 가장 큰 죄악을 더하기를 원하지 않고 도리어 모든 불신에 맞서 싸우며, 성자 하나님을 들고 그분을 신뢰하라는 성부 하나님의 명령에 순종하기를 중심으로부터 갈망한다고 고백하는 것입니다. 사도 바울이 골로새서 2장에서 "그 안에서 너희도 충만하여졌다"고 하는 것처럼, 그 아들 안에서 성부 하나님은 나를 기뻐하실 것입니다.

045

왜 하나님의 아들을 가리켜 "예수," 즉 "구세주"라고 합니까?

왜냐하면 그분의 공로와 능력으로 우리를 우리의 모든 죄에서 구원하셨기 때문이며, 그분 외에는 누구에게서도 구원을 찾거나 발견할 수 없기 때문입니다. 사도행전 4장과 히브리서 7장을 참고하십시오.

성부 하나님께서 성자 예수님이 "예수," 즉 "구세주"라고 불리기
를 원하셨다는 사실에서 우리가 얻는 유익은 무엇입니까?

거짓말을 하실 수 없는 참되신 하나님께서는 천사를 통하여
육체로 태어나실 성자 하나님이 "예수," 즉 "구세주"라고 일컬어지도
록 명령하셨습니다. 그래서 내 육체와 영혼에서 확신하는 것은 그분
께서 나를 구원하실 뿐만 아니라 그분을 신뢰하는 모든 사람을 구원
하실 것이라는 점이며, 그러한 믿음에 의거하여 나는 그분을 부르는
것입니다. 반면 곤경 중에서 자신의 공로나 성인들이나 혹은 그 외
피조물들을 신뢰하고 그들에게 소망을 둠으로써 도움과 위로를 구하
는 이들은 그들이 아무리 그분의 것이라고 자랑한다고 하더라도, 그
와 같은 행위로 인하여 유일한 구세주 예수님을 명목상으로만 믿을
뿐 실제로는 그분을 부인하는 것입니다.

　　예수님이 완벽한 구세주가 아니라고 보든지, 아니면 이 예수
님을 완전한 신뢰로 받아들여서 그분 안에서 구원에 필요한 모든 것
을 소유하든지, 둘 중 하나입니다. 그래서 예수라는 이름을 들을 때
마다, 나는 모든 신자들에게 예수의 이름으로 약속된 완전한 구원을
기억하게 됩니다. 천사부터도 예수라는 이름에 담긴 약속에 대해 설
명하면서, "이는 그가 자기 백성을 그들의 죄에서 구원할 자이심이
라"고 말했습니다. 그러므로 그분을 믿는 나는 그분의 백성에 속하여

그리스도와 그분의 백성의 지체로서 세례를 받았고, 그분의 공로로 말미암아 나의 죄로부터 구원을 받고 그 죄를 영원히 사함 받았음을 압니다. 또한 나는 그리스도께서 그분의 능력으로 말미암아 내게 남아있어 나를 괴롭히는 죄를 제거해주실 줄을 압니다. 그분께서 우리를 구속하시려고 나타나실 때, 그분은 성령으로 말미암아 시작하신 그 영생을 내 속에 완벽하게 계시하실 것입니다. 그래서 나는 나를 위해 하나님의 아들이 예수 혹은 구세주라는 영광스러운 이름을 지니셔서 나를 포함한 신자들을 구원하심으로써, 그 이름이 실제가 되도록 하시고 이름값을 하셨다는 것을 믿습니다. 예수라는 영광스러운 이름을 지니신 그분은 미쁘시기에, 그분의 이름이 의미하는 바를 약속하셨던 그대로 그 약속을 이루실 것입니다.

"그리스도" 혹은 "기름부음을 받았다"는 추가적인 명칭은 무엇입
니까?

이러한 명칭은 그분이 하나님 아버지의 명확한 명령에 따라,
그리고 금생에서 왕 같은 제사장직을 확립하고 그것을 내세에 완성
하도록 하시려는 하나님의 정하심에 따라 보냄을 받았다는 것을 나
타냅니다. 하나님께서 기름을 붓는 것을 통해 이스라엘의 왕과 제사
장들과 선생들을 정하도록 명령하신 것은 그들을 통하여 하나님이
그분의 백성을 다스리고 보호하시기를 원하신다는 것을 공개적으로
증언하기 위한 것이었습니다. 또한 향기로운 기름을 붓는 시각적인
효과를 통하여 그들이 하나님의 명령을 받아서 백성들을 다스리고,
제사를 통해 참된 예배를 하며, 가르치는 사역을 한다는 사실을 알
수 있었습니다. 이것은 하나님의 아들의 경우에도 마찬가지입니다.
외적인 기름부음이란 본래 하나님의 은사인 기름부으심을 상징하는
것이기에, 그분께서 이 세상에 보냄을 받으셨을 때 성부 하나님의 정
하심에 따라 그의 인성은 성령의 충만함으로 기름부음을 받았고, 성
부 하나님께서는 그분을 자기 백성에게 주셔서 우리의 영원한 왕이
요 대제사장이요 선생이 되도록 하셨습니다. 그리하여 "그리스도" 혹
은 "메시아," 즉 "기름부음을 받았다"는 명칭은 다른 것보다도 그분
을 향한 우리의 신뢰를 강화시키는 일을 위해 사용되었습니다. 우리

는 이러한 기름부으심으로부터, 곧 그분께서 "그리스도," 즉 "기름부음을 받았다"고 불린다는 사실로부터 주 그리스도께서 왕의 능력으로 우리를 보호하고 지키시며, 영원한 제사를 드리심으로써 우리를 성부 하나님과 화목하게 하시며, 낙심한 죄인들인 우리들에게 성부 하나님의 깊은 마음과 변하지 않는 뜻을 계시하시도록 하라는 명령을 성부 하나님께 받으셨다는 사실을 이해하게 됩니다.

요약하자면, 이 기름부음이 의미하는 것은 그분께서 이러한 명령에 순종하심으로써 그분의 백성, 즉 신자들과 그분의 신부가 되도록 그분께 위탁된 교회를 영원한 영광으로 영생하는 중에 입혀주실 것이라는 점입니다. 하나님의 기름부음을 받은 하나님의 아들이 성부 하나님으로부터 이러한 빛나고 높은 명령을 받으셨기 때문에, 이미 금생에서부터도 그분께서는 지극한 미쁘심으로 당신과 나와 모든 신자들과 그들의 후손들에게 그 일을 이루셨으며, 또 영원토록 계속해서 그렇게 하실 것임이 확실합니다.

"그리스도" 혹은 "기름부음을 받았다"는 추가적인 명칭이 왕같은 제사장직을 확립하라는 하나님의 명령에 따라서 그분께서 오신 것을 암시한다면, 그리스도의 나라가 무엇인지에 대해서 먼저 설명해 주십시오.

나라라는 것은 군계일학의 지혜와 계획과 능력을 타고난 한 사람이 머리가 되어, 신민들이 그의 지혜와 재능들로부터 유익을 누리면서 그러한 지도자 밑에서 행복하고 평화롭게 살도록 하기 위하여 백성을 다스리는 것을 말합니다.

이것은 그리스도의 나라가 무엇인지 이해하는 데 도움을 줍니다. 그리스도의 나라는 모든 천사와 사람보다 훨씬 더 우월한 지혜와 계획과 능력과 모든 은사들을 타고난 주 그리스도께서 그 머리가 되어 하나님의 백성을 통치하는 것입니다. 머리이신 그리스도는 거룩한 복음을 전함과 성령의 능력을 통하여 모든 택한 백성들의 심령에 영원한 구원을 만들어냄으로 자기 신민들을 다스리십니다. 그분께서는 믿음으로 자기 백성을 그분과 연합하게 함으로써 그리고 거룩한 세례라는 증언을 통하여 이 일을 하십니다. 또한, 은혜로 그들의 죄를 그들에게 돌리지 않으시고 성령으로 그들의 속에 거하시며 그들의 심령을 다스리심으로써 날마다 그들을 죄로부터 정결케 하십니다. 그러한 목표를 위한 수단으로써 거룩한 복음을 전하는 일과 성례의 집행과 기독교적 권징을 사용하십니다. 이렇게 행하심은 금생에서 주의 백성들이 주님 안에서 행복하게 살고 하나님과 평화를 누릴 뿐만 아니라, 마지막에는 영생을 누리고 왕이신 주님과 함께 다스리도록 하기 위한 것입니다. 이것이 바로 금생에서 시작되어 모든 신자들의 심령에서 커지게 될 그리스도의 나라인 것입니다. 요한복음 15장과 마태복음 25장, 그리고 마가복음 1장을 참고하십시오.

신자들이 "그리스도"라는 추가적 명칭을 통하여 떠올리게 되는 그리스도의 나라라는 교리로부터 받는 유익과 위로에는 무엇이 있습니까?

그리스도를 믿고 신뢰하며 그분의 이름으로 세례를 받은 이들은 금생에서 그리스도의 나라에 속하여 있으며, 악마의 나라나 그의 지배 아래 있지 않다는 사실을 압니다. 그들은 악마의 능력으로부터 구속함을 받아 그리스도의 나라에 진입하게 되었으며, 그들의 왕 그리스도와 연합하여 그의 몸의 지체가 되었습니다. 자신의 주가 누구인지 확실하지 않을 때, 즉 그리스도가 주인인지 악한 자가 주인인지 확실하지 않을 때, 혹은 지금은 이 주인에게 있으나 곧 다른 주인 밑에 들어가게 될 때, 많은 사람들은 요동하게 됩니다. 반면, 누구든지 성령의 내적인 기름부으심, 즉 중심으로 그리스도를 믿으며 거룩한 세례라는 언약의 물질적인 표식을 지닌 사람은 그들이 왕이신 그리스도 휘하에 있고 어둠의 나라에서 그리스도의 나라로 옮겨졌다는 사실을 확신한다면, 큰 기쁨과 유익이 있게 됩니다. 바울이 골로새서 1장에서 말씀하듯이, "그가 우리를 흑암의 권세에서 건져내어 그의 사랑의 아들의 나라로 옮기셨으니 그 아들 안에서 그의 피로 말미암아 구속 곧 죄 사함"을 얻은 것입니다. 진실로 그러한 심령에게는 하나님의 나라가 이미 시작되었습니다. 그리스도께서 "하나님의 나라는 너희 안에 있느니라"라고 말씀하신 것처럼 그와 같은 심령 속에는 그 나라가 있는 것입니다.

  그 나라의 모든 백성이 받는 첫 번째 유익은 로마서 14장 말씀처럼 성령 안에서 의와 평강과 희락을 누리는 것입니다. 이러한 은사들은 금생에서도 왕이신 그리스도를 믿고 세례로 그분과 연합된 사람에게 주어집니다. 이는 왕이신 그분이 요한복음 8장에서 "아들이 너희를 자유케 하면 너희가 참으로 자유하리라"고 약속하셨고, 요한복음 14장에서도 "나의 평안을 너희에게 주노라 내가 주는 것은 세상이 주는 것과 같지 아니하니라"고 약속하셨기 때문입니다. 또한, 요한복음 14장에서는 "내가 아버지께 구하겠으니 그가 또 다른 보혜사를 너희에게 주사 너희와 영원히 함께 있게 하시리니 저는 진리의 영이라"고 약속하시고, 요한복음 16장에서는 "너희로 내 안에서 평안을 누리게 하려 함이라"고 약속하셨기 때문입니다. 확실한 것은 그리스도께서 자기 유익이 아닌 우리의 유익을 위해 다스리신다는 사실입니다. 이는 영원 전부터 그분이 성부 하나님과 성령 하나님과 더불어 동일한 존귀와 영광을 공유하셨기 때문입니다. 그러므로 우리는 "그들로 우리 하나님 앞에서 나라와 제사장들을 삼으셨으니 그들이 땅에서 왕 노릇 하리로다"라고 말씀하신 요한계시록 5장 말씀으로부터 위로를 받아야 하겠습니다.

이 나라의 모든 백성, 즉 신자들과 그들의 자녀들이 받는 또 다른
유익에는 무엇이 있습니까?

또 다른 유익으로는 그리스도께서 신자들로 하여금 세상에 맞
서고 그들의 육과 죄악에 맞서고 마귀의 모든 술책과 능력에 맞서도
록 강하게 하시기 위해 주시는 성령의 능력이 있습니다. 그리스도께
서 세상과 죄와 사망을 이기시고 부활하신 바로 그 능력이 그들 속에
역사하여서, 그들로 하여금 그리스도의 대적들을 정복하고 승리를
얻을 수 있도록 합니다. 왕이신 그리스도께서는 "담대하라 내가 세상
을 이기었노라"고 약속하셨는데, 이는 이 세상 임금인 마귀와 죄와
세상에 속한 모든 것들을 이기셨다는 뜻입니다. 로마서 16장도 "주
께서 속히 사탄을 너희 발 아래에 상하게 하시리라"고 말씀하였고,
요한일서 4장은 "너희 안에 계신 이가 세상에 있는 이보다 크심이라"
고 하였으며, 고린도전서 15장은 "우리 주 예수 그리스도로 말미암
아 우리에게 승리를 주시는 하나님께 감사하노니"라고 말씀합니다.
디모데후서 4장 18절도 참고하십시오.

각 사람이 그리스도의 나라에서 어떤 유익을 받는지에 대해서 설명해 주셨는데, 이제는 그리스도께서 기름부음을 받은 왕이라는 사실로부터 온 교회나 하나님의 온 백성들이 어떻게 유익을 받을 수 있는지에 대해서 설명해 주십시오.

하나님의 아들을 "메시아" 혹은 "그리스도," 즉 기름부음을 받은 왕이라고 부름으로써, 성부 하나님은 참 하나님이요 참 사람이신 그리스도를 통하여 영원토록 그의 신자들과 그의 교회를 보호하시고 다스리신다고 약속하신 셈입니다. 그렇다면 시편 말씀대로 교회는 그리스도의 영원한 왕좌에 그 기초와 기반을 두고 있으므로 마귀와 온 세계의 힘과 능력을 총동원하더라도 교회를 소멸시키는 것은 불가능하다는 결론이 나옵니다. 시편은 다음과 같이 말씀합니다. "내가 여호와의 명령을 전하노라 여호와께서 내게 이르시되 너는 내 아들이라 오늘 내가 너를 낳았도다 내게 구하라 내가 이방 나라를 네 유업으로 주리니 네 소유가 땅 끝까지 이르리로다 네가 철장으로 그들을 깨뜨림이여 질그릇 같이 부수리라 하시도다 그런즉 군왕들아 너희는 지혜를 얻으며 세상의 재판관들아 너희는 교훈을 받을지어다 여호와를 경외함으로 섬기고 떨며 즐거워할지어다 그의 아들에게 입맞추라 그렇지 아니하면 너희가 길에서 망하리니 그의 진노가 급하심이라 여호와께 피하는 모든 사람은 다 복이 있도다." 시편 110편도 참고하십시오. 열왕기상 8장을 보면, 솔로몬이 하나님의 명령에 따라 기름부음을 받고 왕이 되었을 때, 하나님이 왕의 손을 통해 그들을 보호해주실 것을 알았기 때문에 백성 중에 공개적으로 큰 기쁨이 있었습니다. 우리도 하나님의 말씀을 통하여 "내가 온 백성에게 미칠 큰 기쁨의 좋은 소식을 너희에게 전하노라 오늘 너희에게 주의 기름부음을 받은 구주가 나셨으니"라고 했던 천사들의 말처럼, 우리 주 그리스도가 솔로몬보다 더 큰 기쁨의 기름으로 기름부음을 받았다는 것을 듣게 될 때, 우리의 심령으로 함께 기뻐해야만 합니다. 우리들은 하나님의 기름부음을 받은 왕 그리스도로 말미암아 그분께서 우리를 죄와 마귀와 온 세상으로부터 지켜주시고 보호해주시겠다는 약속과 그분께서 영원토록 은혜롭고 사랑이 많은 왕이요 구세주로서 계시겠다는 약속, 그리고 시편 2편에서 그분이 우리에게 "여호와께 소망을 두는 모든 사람은 복이 있다"라고 약속하신 것을 참으로 경험하게 되리라는 완전한 확신을 가져야 합니다.

052

그리스도의 나라가 제사장 나라라고 일컫는 이유에 대해서 설명해 주십시오.

그것은 왕이신 그리스도께서 제사장의 직분도 가지고 계시기 때문입니다. 구약성경의 제사장들은 죄를 위해 작은 양이나 제물을 잡고, 백성을 위해 기도하였습니다. 그러므로 그리스도의 영원한 나라도 십자가의 희생제사와 그분의 탄원으로 말미암아 죄를 제거함과 동시에, 하나님 나라에 들어가지 못하게 방해하고 사탄의 나라에 있도록 하는 것들을 제거하셨습니다. 이 나라는 하나님의 공의가 영원토록 만족되는 나라요, 그 결과 하나님과의 화평, 그리고 하나님이 약속하신 은혜가 확실하고 굳건하며 영원한 토대를 갖추는 방식으로 세워지는 나라입니다. 그리스도의 나라는 하나님의 영원한 규례로 정해지고 하나님의 맹세로 인해 확립된 그리스도의 제사장직이라는 터 위에 세워져 있습니다. 큰 지혜와 긍휼로 말미암아 성자 하나님께서는 우리의 중보자요 화목하게 하시는 분이요 탄원자로 임명을 받으셨고, 그분의 희생제사와 탄원은 하나님께서 시편 110편에서 "주께서 맹세하시고 뉘우치지 아니하시리니 네가 영원히 멜기세덱의 반차를 따르는 제사장이라"고 맹세하신 것 덕분에 영원토록 하나님의 면전에서 효력이 있게 되었습니다.

이러한 그리스도의 제사장직에는 두 부분이 있습니다. 하나는 이 영광스러운 분의 거룩하고 순결하여 온 세상의 죗값을 완전히 지불한 희생제사입니다. 그분은 요한복음 17장과 히브리서 7장과 에베소서 5장에서 보는 것처럼, 탄원과 더불어 향기로운 제사로 자신을 드리셨습니다.

다른 하나는 희생제사가 완성된 후, 그리스도께서 하나님 면전에 자신을 제시하는 것입니다. 하나님의 변하지 않는 규례로 결정되고 그분의 맹세로 확립된 바에 따르면, 그리스도께서는 희생제사를 완성한 후에 우리의 죄가 완전히 처벌되고 죄의 값이 치러진 그분의 한 인격 안에 덧입혀진 그의 몸과 영혼을 위에 계신 하나님의 위엄의 보좌 앞에서 끊임없이 제시하십니다. 만약 이러한 죄들이 속죄되지 않고 영원히 그 값이 치러지지 않는다면, 히브리서 10장 말씀처럼 그분이 우리의 죄악이 모두 전가된 자기 몸과 영혼을 가지고 하나님 보좌에 나타나는 것은 불가능할 것입니다.

마지막으로, 그리스도의 제사장직의 두 부분에서 유심히 보아야 하는 것은 바로 성부 하나님의 변하지 않는 뜻에 부합하여 우리를 구속하고 대표하겠다는 성자 하나님의 변하지 않는 영원한 뜻이 있다는 점입니다. 히브리서 10장 7, 9-10절과 요한복음 17장 24절 말씀처럼, 성부 하나님은 그러한 제사를 완전하고 영원한 값으로 받으셔서 우리의 모든 죄를 사하여 주시며, 그 제사 외에는 영원토록 아무 죗값도 요구하지 않으십니다.

053

그리스도의 제사장직으로부터 우리가 받는 유익은 무엇입니까?

영원토록 효력이 있는 그리스도의 희생제사로 말미암는 첫 번째 유익은 죽음에 이를 때까지만 아니라 영원히 나의 죄들이 지워진다는 것입니다. 하나님께서는 그 죄들을 다시는 기억하지 않으십니다. 또한 그리스도께서는 우리의 죄악들에 대한 보응을 남김없이 담당하시고, 구원을 취득하신 그분의 몸과 영혼이 하늘에서 성부 하나님 앞에 영원히 있게 하십니다. 그래서 단번에 자신을 드려 이루신 그리스도의 영원토록 유효한 희생이라는 보증이 성부 하나님의 목전에 있음을 확신해도 됩니다. 하나님께서 그의 공의의 혹독함에 완벽하게 상응하는 방식으로 성자를 벌하셨고, 그 성자께서 우리를 대신하여 성부 하나님 앞에 자신을 드리셨으며 또 우리를 위해 기도하시기 때문에, 하나님께서 우리 죄의 대가를 우리에게서 요구하시지 않는다는 것을 확신해도 됩니다. 하나님의 공의는 그리스도로 말미암아 지불된 죄의 빚이 어떤 형태로든지 우리 몸과 영혼에 재차 요구되는 것을 용납할 수 없습니다. 죄의 빚에 대한 영원한 대가 지불의 보증이 이루어지는 것은 다만 성부 하나님의 얼굴 앞에 있는 영원한 성자의 몸과 영혼으로 말미암은 것입니다.

그리스도의 영원한 제사장직의 이러한 유익은 하나님의 맹세로 말미암아 약속되고 확증되었기에, 하나님께서 시편 110편에서

"하나님께서는 맹세하고 뉘우치지 아니하시리니 네가 영원토록 제사장이라"고 하신 맹세를 영원히 지키실 것이므로, 이러한 유익에 대해서 의심을 할 수 없습니다. 만약 그리스도가 하나님의 맹세에 의하여 규정된 영원한 대제사장이시라면 그분의 신자들을 위한 제사장직의 열매와 유익은 영원한 능력과 효력을 간직해야만 할 것입니다. 왜냐하면 이러한 유익과 효력이 없이는 그분의 제사장직이 소용없을 것이기 때문입니다. 하지만 그것이 소용없는 것이 아니며 그로 인해 우리가 영원토록 화목하게 되었다는 것을 알게 하려고, 하나님께서는 그것을 그분의 맹세라는 지고한 인으로 인치셨습니다. 이 유익은 히브리서 9장과 10장과 같은 성경 구절에서도 명백하게 언급되었습니다. "그가 거룩하게 된 자들을 한 번의 제사로 영원히 온전하게 하셨느니라 또한 성령이 우리에게 증언하시되 주께서 이르시되 그날 후로는 그들과 맺을 언약이 이것이라 하시고 내 법을 그들의 마음에 두고 그들의 생각에 기록하리라 하신 후에 또 그들의 죄와 그들의 불법을 내가 다시 기억하지 아니하리라 하셨으니 이것들을 사하셨은즉 다시 죄를 위하여 제사 드릴 것이 없느니라." 같은 장에 있는 그 이후 구절들도 참고하십시오. 그러므로 사도 바울도 "곧 우리가 원수 되었을 때에 그의 아들의 죽으심으로 말미암아 하나님과 화목하게 되었은즉 화목하게 된 자로서는 더욱 그의 살아나심으로 말미암아 구원을 받을 것이니라 그뿐 아니라 이제 우리로 화목하게 하신 우리 주 예수 그리스도로 말미암아 하나님 안에서 또한 즐거워하느니라"고 말씀합니다.

그리스도의 제사장직의 또 다른 유익이 무엇입니까?

우리와 우리의 기도와 우리가 가진 모든 것이 그리스도의 희생제사 혹은 수난으로 말미암아 거룩하게 되었으며, 그리스도를 믿는 믿음으로 말미암아 우리는 그리스도께서 십자가에서 희생제사를 드리심으로써 우리를 위해 취득하신 성령을 받았습니다. 그러므로 결국은 우리의 자격 없음이 더 이상 우리를 하나님의 임재로부터 물러나도록 하지 않고, 그리스도의 희생을 참되게 신뢰하는 믿음을 가지고 하나님께 나아갈 수 있게 됩니다. 이것이 첫 번째 유익입니다. 우리는 우리 자신과 기도와 우리가 가진 모든 것을 그분께서 기쁘게 받으실 감사제로 올려드리는데, 이는 그 모든 것이 예수 그리스도의 향기로운 희생으로 덮이고 거룩하게 됨으로써 그분의 제사장으로서의 존귀한 자격을 우리에게 나누어주시기 때문입니다. 이것이 사도 베드로가 베드로전서 2장에서 가르치는 것입니다. "너희도 산 돌 같이 신령한 집으로 세워지고 예수 그리스도로 말미암아 하나님이 기쁘게 받으실 신령한 제사를 드릴 거룩한 제사장이 될지니라." 그리고 "너희는 택하신 족속이요 왕 같은 제사장들이요 거룩한 나라요 그의 소유가 된 백성이니 이는 너희를 어두운 데서 불러 내어 그의 기이한 빛에 들어가게 하신 이의 아름다운 덕을 선포하게 하려 하심이라." 로마서 12장도 말씀합니다. "그러므로 형제들아 내가 하나님의 모든 자비하심으로 너희를 권하노니 너희 몸을 하나님이 기뻐하시는 거룩한 산 제물로 드리라 이는 너희가 드릴 영적 예배니라."

그리스도가 왕과 대제사장으로서뿐만 아니라 우리의 선생으로서
기름부음을 받았다는 사실을 어떻게 이해해야 합니까?

그리스도께서 우리의 선생으로서 기름부음을 받았다는 것은
하늘의 성부 하나님의 품으로부터 우리에게 보냄을 받았고, 그의 인
성의 영역에서 성령의 충만함으로 기름부음을 받으신 분, 즉 은혜와
진리로 충만하신 그리스도께서 하나님의 영원하신 뜻과 계획을 우리
에게 밝히 이해할 수 있도록 계시하셨다는 것을 의미합니다. 요한복
음 1장은 "아버지 품속에 있는 독생하신 하나님이 나타내셨느니라"
고 말씀합니다.

그리스도가 우리의 선생이라는 사실로부터 우리가 얻는 유익은
무엇입니까?

세 가지 유익이 있습니다. 첫째, 그리스도께서는 성령으로 충
만하게 기름부음을 받으심으로써 하나님의 우리를 향하신 부성적인
뜻과 부성적인 성향의 확실함을 전혀 의심할 수 없도록 하셨습니다.
요한복음 1장 말씀대로, 성자는 성부와 동일한 신적 존재이시기에
성부의 품에 계셨고, 그분께는 성부 하나님의 성향과 의지가 참되고
완전하게 알려지기에, 그분은 하나님의 우리를 향하신 부성적인 뜻
과 부성적인 성향의 확실함을 친히 우리에게 계시하셨습니다. 또한
"옛적에 선지자들을 통하여 여러 부분과 여러 모양으로 우리 조상들
에게 말씀하신 하나님이 이 모든 날 마지막에는 아들을 통하여 우리
에게 말씀하셨으니"라고 말씀한 히브리서 1장도 보십시오. 성부 하
나님의 성향과 뜻과 생각을 남김없이 알고 계신 성자 하나님께서 친
히 복음으로 성부 하나님의 뜻과 약속을 우리에게 계시하셨으므로,
어찌 의심하며 "하나님께서 나에 대하여 어떻게 생각하시는지 내가
어떻게 알 수 있을까"라고 말할 수가 있겠습니까? 성부 하나님의 변
하지 않는 뜻이란 사도 바울이 말한 대로 "죄인들과 그중에서 가장
큰 죄인인 나를 구원하시려고" 하나님께서 성자를 보내신 것입니다.
이런 식으로 하나님께서는 우리에게 자신의 마음과 생각을 벌거벗은
것처럼 있는 그대로 거룩한 복음으로 우리에게 보이신 것입니다.

두 번째 유익은 무엇입니까?

그것은 바로 그분께서 우리에게 주시는 가르침에 완전한 지혜가 포함된다는 것을 아는 것입니다. 우리의 구원에 필수적인 모든 것이 그 가르침에 너무나 완벽하게 나타나 있기에, 우리는 이 가르침만으로도 만족하며 모든 인간의 법칙들을 마귀의 상상력으로 여기고 거부합니다. 마태복음 17장에 보면, 성부 하나님은 하늘로부터 성자에 대해 이와 같은 증거를 하십니다. "이는 내 사랑하는 아들이요 내 기뻐하는 자니 너희는 그의 말을 들으라!" 신명기 13장과 골로새서 2장도 참고하십시오.

세 번째 유익은 무엇입니까?

그리스도께서는 그분의 가르침을 제자들에게 제시하기 위해서만 성령으로 기름부음을 받은 것이 아니라, 그 가르침을 그들의 중심에 성령의 능력으로 기록하며, 그분으로부터 그들이 배운 대로 변화되도록 하기 위하여 기름부음을 받으신 것입니다. 고린도후서 3장 말씀입니다. "우리가 다 수건을 벗은 얼굴로 거울을 보는 것 같이 주의 영광을 보매 그와 같은 형상으로 변화하여 영광에서 영광에 이르니 곧 주의 영으로 말미암음이니라." 요한복음 14장도 참고하십시오.

그리스도께서 우리의 선생이시라는 사실에서 얻는 마지막 유익은 무엇입니까?

그것은 바로 그리스도가 성부 하나님의 뜻을 계시하심으로써, 선생의 직무와 성령의 능력을 자기 자신만 간직하지 않고 그의 몸인 교회의 각 지체에게 나누어주셨다는 것입니다. 그렇게 그분은 그들을 두 가지 방법을 통해 선지자로 만드십니다. 첫째 방법은 교회에 선생들을 주셔서 그들의 사역을 통해 그분의 능력을 발휘하시기를 원하시며 하나님의 가족 구성원들과 제자들을 만들기를 원하시는 것입니다.

둘째 방법은 비록 그 제자들이 말씀의 사역과 성례라는 공적인 사역을 하는 것이 아니더라도, 선지자의 직무 혹은 선생의 직무를 하기 원하시는 것입니다. 신자들은 세 가지 방식으로 이 일을 감당합니다. 먼저는 마가복음 8장과 누가복음 9장 말씀처럼 신실하고 공적인 진짜 신앙고백을 통하여 하나님을 찬양함으로써, 둘째는 그들의 종들에게도 가르침으로써, 셋째는 기회나 가능성이 있을 때마다 하나님이 교회에 세우신 질서를 파괴하지 않고 주님 안에서 그들의 이웃을 세움으로써 그 일을 감당합니다. 모든 신자들과 그들의 자녀들이 머리 되신 그리스도의 영적이고 선지자적인 기름부음 받음에 참여하고 이 말세를 사는 우리와 우리 자녀에게까지 이것이 약속되었다는 것이 선지자 요엘을 통하여 예고되었고, 사도행전 2장에서 사도 베드로를 통해 확증되었습니다. 이 점에서 모든 신자는 본인이 되었건 자녀들과 종들이 되었건 간에 하나님께서 우리 시대를 위해 약속하신 하나님의 복에 참여하는 사람이 되는 것을 고려해야만 합니다. 그처럼 대단한 은사 때문에 하나님을 찾아야만 하고, 하나님은 그것을 공급하실 것이며, 증가시키실 것이며, 끝내는 주께서 "누구든지 주의 이름을 부르는 자는 구원을 얻으리라"고 하신 것처럼 주님의 백성들과 함께 복된 종말에 이르게 될 것입니다. 그리하여 나의 양심은 "나와 나의 집은 주님의 이름을 중심으로부터 부르기에 구원을 얻을 것이다"라고 말합니다. 약속하신 분은 미쁘시니 그분께서 이루실 것입니다.

그리스도의 기름부음 받으심으로부터 신자들이 받는 유익을 요약하면 어떻게 됩니까?

요약해서 말하자면, 성경이 말씀하는 대로 그리스도께서는 성령으로 한량없이 기름부음을 받으셔서, 요한복음 1장 말씀처럼 우리가 다 그분의 충만한 데서 받을 수 있도록 하셨습니다. 그분의 많은 영적 은사들은 그분의 것일 뿐만 아니라 우리의 것이기도 합니다.

061

육체로 나타나신 하나님의 아들이 왜 "그리스도," 즉 "기름부음을
받은 분"이라고 불리는지 말씀해주셨으니, 왜 우리들이 그리스도
인이라고 불리는지에 대해서도 설명해 주십시오.

신자들은 안디옥에서 처음으로 그리스도인이라고 불리게 되었
습니다. 그 이전에 그들은 믿음으로 하나님 아들의 형제들이 되었기
에 형제들이라고 불렸는데, 이는 예수님께서 친히 말씀하신 것과 같
습니다. "내가 내 아버지 곧 너희 아버지, 내 하나님 곧 너희 하나님
께로 올라간다." 그러므로 예수 그리스도를 믿는 우리들은 참으로 그
분의 형제들입니다. 우리들은 그리스도를 믿고 그분의 이름으로 세
례를 받기 때문에 그리스도인이라고 불립니다. 그리스도를 믿는 이
러한 믿음은 그리스도로부터 우리가 기름부음을 받은 것이며, 요한
이 가르치는 것처럼 영원히 우리 안에 거합니다. 그리하여 사랑하는
우리 하나님이신 그리스도께서는 우리를 주 그리스도의 지체들로 삼
으셔서 왕이요 제사장이요 선생으로 기름을 부으시는 것입니다. 우
리는 에베소서 1장과 4장 말씀대로, 하나님께서 지체 각각과 교회라
는 몸 전체에 유용하다고 보시는 분량에 따라 우리의 머리이신 그리
스도의 영적 은사들에 참여합니다. 그러므로 "그리스도인"이라는 이
영광스러운 호칭은 우리가 더 이상 마귀의 나라에 있지 않고 그리스
도의 나라에 있다는 사실과 그분께서는 믿음과 거룩한 세례라는 증
거를 통하여 우리에게 성령으로 기름을 부으셨다는 사실을 상기시킵

니다.

　　이는 첫째로, 이제 그분의 지체인 우리들이 우리 안에서 다스리시는 그분의 능력으로 말미암아 선한 양심을 가지고 로마서 6장 말씀처럼 금생에서는 죄와 마귀를 대적하기를 힘쓰고, 내생에서는 영원토록 그리스도와 함께 만물을 다스리도록 하기 위한 것입니다.

　　둘째로는 몸과 영혼이 그분의 희생제사로 인해 거룩하게 된 우리 자신을 그분께 드리고 그가 우리에게 주신 모든 것을 거룩한 감사제물로 드리도록 하기 위한 것입니다. 그리고 그것은 또한 하나님의 가르치심을 받은 이들이 서로를 세워주고 공적 신앙고백을 통하여 그리스도의 이름에 영광을 돌리도록 하기 위한 것이니 이것이야말로 마가복음 8장과 누가복음 9장이 말씀하듯이, 예수 그리스도로 말미암아 성부 하나님을 기쁘시게 하는 것입니다.

"그 외아들 우리 주
예수 그리스도를 믿사오니"

062

"그 외아들 우리 주 예수 그리스도"라는 구절은 무엇을 위해 있는 것입니까?

이것은 그 어떤 피조물 차원에서의 사랑의 형태도 훨씬 능가하는, 우리를 향하신 하나님의 위대하고 넘치는 사랑을 확신시켜 줍니다. 요한복음 3장에 "하나님이 세상을 이처럼 사랑하사 독생자를 주셨으니 이는 그를 믿는 자마다 멸망하지 않고 영생을 얻게 하려 하심이라"고 하신 것과 같습니다. 요한일서 4장에서도 "하나님의 사랑이 이렇게 우리에게 나타난 바 되었으니 하나님께서 독생자를 세상에 보내심은 그로 말미암아 우리를 살리려 하심이니라"고 하셨습니다. 그래서 우리는 이 조항에서 하나님께서 약속과 귀중한 맹세를 통하여 우리를 다루실 뿐만 아니라, 행함으로도 우리를 다루셨음을 배울 수 있습니다. 하나님께서는 그 아들을 세상에 보내어 사람이 되게 하시고, 그를 죽음에 이르도록 내어주셨습니다. 그리하여 그리스도께서 우리의 모든 죄를 제거하고, 그분에 의하여 참으로 죄의 대가가 지불되도록 하셨습니다. 그분 안에서 하나님의 모든 약속은 예와 아멘이 되었고, 하나님은 에베소서 1장 말씀처럼 사랑하시는 그분 안에서 우리를 사랑하신 그 사랑으로 그분의 모든 선하심의 부요하심을 넘치도록 부어주십니다.

063

우리 모두가 하나님의 자녀라면, 성경은 왜 그리스도를 하나님의
외아들이라고 부릅니까?

그리스도와 신자들을 구별하기 위해서입니다. 그분만이 영원
히 그리고 원래부터 성부 하나님의 아들이시며, 영원 전부터 아버지
의 본질로 태어나셔서 우리가 믿어야 하는 참 하나님이시므로, 그리
스도께서는 하나님의 외아들이시며 또 외아들이라고 불리는 것입니
다. 하지만 우리는 하나님의 아들이라고 불리며 실제로도 그러하지
만, 원래부터 그런 것이 아니라 에베소서 2장 말씀처럼, 원래는 진노
의 자녀였던 우리를 하나님께서 은혜로 말미암아 믿음과 성령의 역
사하심 그리고 그리스도와 연합되어 그분의 참되고 살아있는 지체로
만들어주심을 통하여 우리를 그분의 자녀로 입양해주신 것입니다.

064

그래도 하나님의 자녀로 입양되어 하나님의 자녀라고 불린다는
것은 이름이나 호칭에 불과한 것이 아닙니까?

조금도 그렇지 않습니다. 우리는 하나님 아들의 참된 지체이기에, 그분과 참된 교제를 나누며, 이러한 이유로 로마서 8장처럼 그분은 많은 형제들 중 장자라고 불립니다. 실로 낯선 아이를 입양한다는 것은 이름이나 호칭에 불과한 것이 아니라, 입양을 한 부모의 골육에서 태어난 자녀와 마찬가지로 부모가 남기고 간 모든 것을 소유하고 상속할 완전한 권리와 자유를 값없이 가지는 것을 포함합니다. 그렇다면 하나님께서 하나님의 은혜로 우리를 하나님의 상속자로 삼아 그리스도와 모든 것을 함께 하도록 하고, 로마서 8장 말씀처럼 예수 그리스도와 함께 상속자가 되게 하시기 위하여 양자의 영을 통해 그리스도께 연합시키심으로써 우리에게 주시는 자녀라는 영예로운 신분이, 이름이나 명칭만이 아니라 자녀의 모든 권리를 얼마나 더 잘 포함하는 것이겠습니까? 그러므로 요한복음 1장은 "영접하는 자 곧 그 이름을 믿는 자들에게 하나님의 자녀가 되는 권세를 주셨으니"라고 말씀합니다. 요한일서 1장도 보십시오. "우리가 보고 들은 바를 너희에게도 전함은 너희로 우리와 사귐이 있게 하려 함이니 우리의 사귐은 아버지와 그의 아들 예수 그리스도와 더불어 누림이라 내가 너희에게 이것을 쓰는 것은 너희의 기쁨을 충만하게 하려 함이라."

065

그렇다면 모든 신자들은 하나님과 탁월한 언약을 맺고 있으며, 하나님께서는 친히 더불어 언약을 맺으신 신자들을 하나님 아들의 지체로 만드셔서 아들로부터 그들이 절대로 분리되지 않도록 하시며, 그들의 죄악을 아들에게 담당시키시고, 성령으로 그들을 새롭게 하셔서 썩지 않는 생명과 영원한 영광에 이르도록 하기를 원하신다는 말씀입니까?

실로 하나님과 신자 간의 언약은 모든 면에서 매우 탁월하기에 로마서 8장의 사도 바울처럼 우리도 "자기 아들을 아끼지 아니하시고 내어주신 이가 어찌 그 아들과 함께 모든 것을 우리에게 은사로 주지 아니하시겠느뇨"라고 기꺼이 말할 수 있습니다. 이 언약은 우리를 위한 하나님의 지극히 크신 사랑에 기반하고 있으며, 그 사랑은 항상 있고 끝이 없기에 우리는 로마서 8장의 사도 바울처럼 "내가 확신하노니 사망이나 생명이나 천사들이나 권세자들이나 현재 일이나 장래 일이나 능력이나 높음이나 깊음이나 다른 어떤 피조물이라도 우리를 우리 주 그리스도 예수 안에 있는 하나님의 사랑에서 끊을 수 없으리라"고 믿고 말한 것처럼 할 수 있습니다.

066

왜 그분을 "주님"이라고 부릅니까?

주님께서 돌보시기 때문에, 그분과 더불어 언약을 맺으신 신자들이 참된 신뢰 속에서 조용하고 안정된 심령으로 그들 자신을 신실하신 주님께 완전히 바치도록 하기 위하여 그렇게 하는 것입니다. 그분은 우리를 어둠의 권세에서 자유케 하시되 금이나 은으로 그렇게 하신 것이 아니라 자신의 보혈로 자유케 하셔서 단번에 우리를 얻으셨을 뿐 아니라, 신실하신 주님으로서 그 얻으신 은혜로 우리를 영원토록 지키시고 보존하실 것입니다. 더욱이, 그분을 주님으로 부름으로써, 그들은 그들 자신의 것이 아니라 대단한 값을 주고 산 것이며 하나님의 것이 되었으니 그들의 몸과 영혼으로 하나님을 영화롭게 해야만 한다는 교훈을 받게 됩니다. 또한 그들은 하나님과 언약을 맺은 사람들인 신자들이 기쁨으로 주님의 통치를 받아야 한다는 것, 즉 주님의 말씀과 성령으로 통치를 받아야 한다는 교훈을 받게 되는데, 고린도전서 6장과 베드로전서 5장과 에베소서 5장과 골로새서 1장 말씀처럼, 성부 하나님께서는 그 주님의 통치와 주권 아래에 우리를 두시고 주님께서 모든 거룩한 천사들과 신자들의 머리가 되도록 작정하셨던 것입니다.

"이는 성령으로 잉태하사
동정녀 마리아에게 나시고"

그 다음 구문인 "성령으로 잉태하사 동정녀 마리아에게 나시고"가
의미하는 바는 무엇입니까?

존재 상 성부 하나님 그리고 성령 하나님과 하나이신 영원하
신 성자 하나님이 신적 속성을 제쳐두거나 변형시키거나 혹은 혼합
시키는 것이 전혀 없이 이전까지는 아니셨던 참 사람이 되셨습니다.
성경은 이에 대해 그분께서 아브라함의 씨를 취하셨다고 하는데, 그
것은 몸과 영혼을 가진 참된 인성을 동정녀의 본질로부터 성령의 역
사하심을 통하여 취하신 것입니다. 그래서 히브리서 2장 말씀대로,
그분께서는 모든 면에서 그의 형제들과 같이 되셨으나 죄는 없으시
다는 뜻입니다.

성령으로 잉태되셨고 보통 방식으로 잉태되지 않으셨다고 말하는
이유는 무엇입니까?

그것은 바로 인간의 본성이 너무나 부패하여 성령께서 그리스
도 잉태라는 위대한 사역을 하셔야만 했기 때문입니다. 그러한 방법
으로 성령께서는 모두를 거룩하게 하실 그리스도가 그 어떤 오염에
서도 벗어나 순결함을 지킬 수 있도록 하셨습니다. 그분은 또한 성자
께서 성부 하나님을 향하여 거룩해지게 하심으로써, 성자의 완벽한
거룩하심으로 우리도 성부 하나님을 향하여 거룩해질 수 있기 위해
성자를 잉태시키셔야만 했습니다.

069

예수 그리스도의 순결한 잉태로부터 우리가 얻는 위로는 무엇입니까?

첫째, 그리스도께서 신성과 인성 중 하나만 취하지 않으시고 둘 다를 취하심으로 그분께서 우리가 하나님 앞에 행해야만 하는 모든 일에서 우리의 유일하고 실재하는 중보자가 되신다는 것입니다. 둘째, 중보자 그리스도께는 하늘과 땅보다도 큰 하나님의 사랑이 그분 안에 본질적인 요소로 내재하고 있으며 그분의 심령에 인격적으로 거하기에, 그분은 우리를 향하여 참된 형제 사랑과 신실하심을 나타내신다는 것입니다. 셋째, 중보자 그리스도의 몸과 영혼은 잉태 시에 완전한 거룩함을 유지하도록 보존되었습니다. 이는 그분이 우리의 죄악된 잉태와 그에 상응하는 형벌을 받고 그 값을 지불함으로써, 우리의 죄가 용서받도록 하는 순결하고 거룩한 제물이 되기 위한 것이었습니다. 이 말은 원죄가 더 이상 우리 안에 없다는 말이 아니라, 그것이 우리에게 전가되지 않는다는 것입니다. 또한 그것은 그분의 완벽한 거룩하심의 능력으로 말미암아 우리의 오염된 몸과 영혼을 점진적으로 거룩하게 하시기 위한 것이었습니다. 언젠가 그리스도는 우리 내면의 질병을 마침내 완전히 제거해주실 것입니다. 영원한 말씀이신 성자 하나님의 몸과 영혼을 모태로부터 거룩하게 하셨던 바로 그 성령께서 마침내 은혜로 말미암아 우리의 본성을 하나님의 형상으로 완전히 새롭게 하실 것입니다. 히브리서 2장 11절 말씀입니다. "거룩하게 하시는 이와 거룩하게 함을 입은 자들이 다 한 근원에서 난지라." 히브리서 7장 말씀입니다. "이러한 대제사장은 우리에게 합당하니 거룩하고 악이 없고 더러움이 없고 죄인에게서 떠나 계시고 하늘보다 높이 되신 이라."

그리스도의 잉태로부터 나오는 더 많은 유익들에 대해서는 그리스도의 신성과 인성에 대해서 다루면서 이미 부분적으로 설명하기도 했지만, 이제부터 한층 명확하게 다루도록 하겠습니다.

070

"성령으로 잉태하사 동정녀 마리아에게 나시고"라는 말씀을 이해했으니, 이제는 이 구절에 포함된 교리에 대해서 더 자세하게 설명해 주시겠습니까?

하나님 아들의 성육신에 관한 조항을 설명함에 있어서 고려해야 할 것은 다섯 가지입니다. 첫째, 이 조항이 달성하고자 하는 목표가 무엇이며, 그래서 그것을 바르게 이해하는 것이 얼마나 필수적인가 하는 것입니다. 둘째, 왜 그리스도의 신성과 인성이 우리 구원에 필수적인 토대요 근간이 되는가 하는 것입니다. 셋째, 왜 그리스도의 양성이 한 인격 안에 연합되어야만 하고, 이러한 위격적 연합이 무엇인가 하는 것입니다. 넷째, 그리스도의 신성과 인성이 각각의 특징적인 속성들을 간직하는 방식으로 연합되어서 각각의 속성이 인지될 수 있고 구별될 수 있다는 것입니다. 다섯째, 신성과 인성 각각의 고유한 속성을 있는 그대로 두지 않으면 어떤 위험이 생기는가 하는 것입니다.

첫째, 그리스도 성육신의 유익을 바르게 이해할 수 있도록 이 조항이 달성하고자 하는 목표가 무엇인지에 대해 묻겠습니다.

그리스도의 왕 같은 제사장직의 토대와 근간이요, 하나님과 인간 사이의 영원한 언약의 토대와 근간이 그리스도의 인격에 관한 이 조항에 포함되어 있습니다. 신성과 인성이라는 두 속성은 그리스도의 본질과 존재에 속한 것으로서 서로 구별되는 속성을 유지하면서도 연합하여 본질적으로 실제 그리스도를 구성하는데, 이것이야말로 하나님의 작정하심에 따라 우리 구원의 시작점이요 모퉁잇돌인 것입니다.

인류의 행복은 요한일서 1장 말씀대로 모든 선의 근원이신 하나님과의 연합에서 옵니다. 반면 인간의 가장 큰 불행은 하나님으로부터 분리에서 옵니다. 인간은 하나님과 원수가 되도록 하는 죄로 인해 하나님으로부터 스스로 분리되어 마귀와 연합하였습니다. 한 사람을 통하여 죄가 세상에 들어왔고, 죄로 말미암아 사망이 왔으므로, 하나님으로부터 떨어진 원인과 그 토대는 바로 그 한 사람이라고 할 수 있습니다. 마찬가지로 하나님은 한 사람을 통하여 화목과 모든 선의 근원이신 하나님과의 영원히 파괴되지 않고 파괴될 수 없는 연합의 근본이요 원인이 되도록 작정하셨습니다. 이 한 사람은 바로 신성의 속성뿐만 아니라 몸과 영혼에 참된 인성의 속성도 모두 가지신 영원한 하나님 아들이십니다. 그리스도의 신성과 인성은 그리스도의 한 인격 안에서 그 속성을 잃지 않음으로써 사람과 하나님 사이에 언약을 맺게 하고 그 사이를 화목하게 합니다. 그래서 하나님의 맹세와 약속에 따라 영원한 언약이 되는 이 언약을 유지하고 보존하기 위하여 그리스도의 신성과 인성은 우리가 하나님의 언약을 근원부터 파괴하기를 원하지 않는 이상, 그 모든 속성들이 영원토록 잃지 않고 유지될 것입니다. 바로 이러한 이유로 사탄은 항상 감히 언약의 중보자의 신성과 인성 중에 하나를 부인하게 하거나 최소한 그것들을 왜곡하는 일에 혈안이 되어 있었던 것이고, 그의 하수인들을 통하여 앞으로도 세상 끝날까지 계속해서 그렇게 할 것입니다. 사탄은 그리스도를 참 하나님이요 참 사람으로 놓아둘 수 없습니다. 뿌리가 상하면 가지도 생기를 잃어버리고, 재배하는 사람은 그로부터 열매를 얻을 모든 소망을 잃어버리게 됩니다. 그런 것처럼 신성과 인성의 모든 속성이 한 인격 안에 거하는 그리스도의 인격이라는 교리가 불순물이 섞여서 망가지게 되면 그리스도의 인격 교리가 우리에게 가져다주는 열매, 즉 그리스도의 인격으로부터 우리가 찾는 열매와도 같은 그리스도의 왕 직분과 제사장 직분에 관한 교리 역시 망가지게 되는 것입니다.

둘째, 이 토대의 근거에 대해서 설명해 주십시오. 하나님으로 말미암아 우리를 구원하도록 작정된 이 인격이 어떠한 이유로 피조된 것처럼 만질 수 있고 볼 수 있는 골육을 지녔으며 몸의 서로 다른 지체들이 각각 있어야 할 곳에 위치되어 참 사람의 모든 속성을 가진 것입니까?

하나님께서 죄를 대적하는 그분의 변함없는 공의를 나타내심과 동시에, 죄인 된 우리들을 향한 자비를 나타내시려는 이유로 그렇게 된 것입니다. 하나님은 언약을 체결하신 후, 공의롭지 않고 신실하지 않은 분이 되기를 원치 않으셔서, 공의와 진리와 진노를 나타내신 것입니다. 왜냐하면 하나님께서 "네가 선악을 알게 하는 나무의 열매를 먹는 날에는 반드시 죽으리라"고 말씀하셨기 때문입니다. 시편 5편도 "주는 죄악을 기뻐하는 신이 아니시니"라고 말씀합니다. 그러므로 하나님은 인간의 몸, 즉 그의 독생자의 육체에 죄를 벌하기로 결정하심으로써 하나님의 변함없고 지고하며 죄를 적대시하는 공의와 진리와 진노가 온 천하에 확연해지도록 하셨습니다. 하지만 하나님께서는 마땅히 그렇게 하실 권리가 있음에도 우리의 죄에 상응하는 형벌을 우리에게 내리시지 않고, 그 진노가 독생자에게 향하도록 하셨습니다. 그렇게 함으로써 하나님은 믿음의 조상들에게 말씀과 맹세로 약속하신 대로 그분의 영원한 자비를 활발하게 나타내실 수 있었습니다. 그래서 예수 그리스도 안에서 하나님의 공의와 진리와 진노와 자비와 상냥함이 가장 지혜롭고 놀라운 방식으로 합쳐지게 되었습니다.

　이제 이 이유들을 더 구체적이고 이해하기 쉽게 설명하겠습니다. 하나님께서 사람을 자기와 연합하도록 하시고 그들과 영원히 화목하도록 하셨을 때, 하나님께서는 자신의 공의를 부인하지 않으시는 방식으로 우리를 향해 자비를 나타내신 것입니다. 왜냐하면 공의는 하나님의 본질 중 하나이기에 하나님 자신을 부인하지 않고서는 부인될 수 없기 때문입니다. 하지만 하나님의 지고하고 완벽한 공의는 몸과 영혼으로 되어있는 우리 인간의 속성에 죄와 더러움이 있기 때문에, 인간 본성 안에서 죄의 값이 지불되어야 하고, 인간 본성의 회복이 일어나야 한다는 요구를 하셨습니다. 이 요구는 우리와 동일본질이시며 모든 일에 우리와 같으시지만, 죄만 없는 하나님 아들의 참된 인성 안에서 이루어졌습니다(죄라는 것은 하나님께 지음 받았을 때부터 인간의 본질이나 속성에 있었던 것은 아닙니다). "한 사람으로 말미암아 죄가 세상에 들어오고, 죄로 말미암아 사망이 왔나니, 이와 같이 모든 사람이 죄를 범하였으므로 사망이 모든 사람에게 이르렀느니라…한 사람의 범죄를 인하여 많은 사람이 죽었은즉 더욱 하나님의 은혜와 또한 한 사람 예수 그리스도의 은혜로 말미암은 선물은 많은 사람에게 넘쳤느니라…한 사람의 순종치 않음으로 많은 사람이 죄인 된 것같이 한 사람이 순종하심으로 많은 사람이 의인이 되리라"(로마서 5장). 그러므로 그리스도는 죄와 멸망으로 가득찬 우리 몸과 영혼을 위해 십자가에 죽기까지 복종하심으로써 하나님의 변함없는 공의를 만족시킬 수 있기 위하여, 몸과 영혼을 가진 참 사람이 되셔야만 했습니다. 하나님은 그의 공의에 따라 인간이 범한 죄에 대해 천사나 혹은 다른 피조물을 벌하기를 원치 않으시고 참 인간 본성을 벌하기를 원하셨습니다. 그것이 바로 하나님 아들이 천사가 되지 않으시고, 아브라함의 후손으로서 참 인간 본성을 취하신 이유입니다.

둘째, 만약 영원한 언약의 중보자가 우리의 형제가 되셔야만 했고 영원히 그렇게 남아계시려면, 그분은 정당하고 자연스러운 실제 형제의 본성과 속성들을 모두 가지셔야만 했습니다. 히브리서는 이것을 명백하게 가르치고 있습니다. "거룩하게 하시는 이와 거룩하게 함을 입은 자들이 다 한 근원에서 난지라 그러므로 형제라 부르시기를 부끄러워하지 아니하시고 이르시되 내가 주의 이름을 내 형제들에게 선포하고 내가 주를 교회 중에서 찬송하리라." 또한 하나님 아들이 과거에 형제로서의 모든 성향과 인간 속성을 지니시고 우리 형제가 되기를 부끄러워하지 않으셨던 것처럼, 그분은 오늘도 그와 같이 하시는 것을 부끄러워하지 않으시고 참 인간 본성 및 형제로서의 성향의 여타 속성, 그리고 우리의 본성 및 형제로서의 성향을 저버리지 않으십니다. 이는 성경 히브리서의 동일한 부분에서도 말씀하는 바입니다. "그러므로 그가 범사에 형제들과 같이 되심이 마땅하도다 이는 하나님의 일에 자비하고 신실한 대제사장이 되어 백성의 죄를 속량하려 하심이라 그가 시험을 받아 고난을 당하셨은즉 시험 받는 자들을 능히 도우실 수 있느니라." 그리스도께서 하늘에 오르신 이후에는 우리를 부끄러워하셔서 참 인간 본성과 그 속성들을 저버리심으로써 형제가 되는 것을 포기하셨다는 거짓 주장을 아무도 못 하도록 하기 위하여, 진리의 영(거짓의 영이 아니라)께서 히브리서 4장에서 말씀하는 것을 들어보십시오. "그러므로 우리에게 큰 대제사장이 계시니 승천하신 이 곧 하나님의 아들 예수시라 우리가 믿는 도리를 굳게 잡을지어다 우리에게 있는 대제사장은 우리의 연약함을 동정하지 못하실 이가 아니요 모든 일에 우리와 똑같이 시험을 받으신 이로되 죄는 없으시니라 그러므로 우리는 긍휼하심을 받고 때를 따라 돕는 은혜를 얻기 위하여 은혜의 보좌 앞에 담대히 나아갈 것이니라"(이러한 담대함의 토대는 이미 다져졌으니, 그것은 바로 우리의 형제이신 그리스도의 인성이며, 그리스도는 또한 여전히 인성의 속성들을 간직하고 계시고 영원토록 그렇게 하실 것입니다).

셋째, 하나님은 시편 132편과 89편 말씀대로, 다윗의 자손 중에서 영원한 통치자가 나올 것임을 맹세로 확증하셨습니다. 그러므로 바로 그 왕이신 그리스도께서는 다윗의 허리와 본질에서 나와서 영원토록 참 사람으로 남아계셔야만 합니다. 그는 이름만 사람으로 남아계시는 것이 아니라, 히브리서 1장 말씀처럼 다윗의 자손으로서의 본질과 존재와 속성을 유지하며 영원토록 높이 계신 하나님의 위엄의 보좌에서 다스리셔야만 합니다. 이것은 내생에 크고 넘치는 기쁨을 우리에게 주는 것입니다. 우리는 우리 형제요 머리이신 그리스도를 눈으로 볼 것이며, 그곳에서 우리의 속성이 큰 영광으로 장식되는 것을 볼 것입니다.

073

이제 하나님과 사람 사이의 언약의 중보자가 왜 인간의 모든 속성을 지닌 참 사람일 뿐만 아니라, 모든 신적 속성을 지니신 참 하나님이셔야만 하는지에 대해 설명해 주십시오.

그것은 그 일을 실행할만한 전능한 분을 요구하시는 성부 하나님의 명령을 중보자께서 받으셨기 때문입니다. 그 명령이란 중보자가 자기 공로와 능력으로 모든 택한 백성을 구원해야 하는 것이었습니다. 하지만 하나님만이 전능하십니다. 이것이야말로 중보자께서 참 하나님이셔야만 하는 가장 핵심적이고, 으뜸이 되는 이유인 것입니다. 성부 하나님과 동등하며 지고한 위격이신 중보자께서 자신을 인간의 본성으로 낮추어 우리를 위하여 저주가 되기까지 순종하신 것은 태초부터 영원까지 세상 죄의 대가를 완전한 지불하신 것입니다. 그래서 사도행전 20장은 하나님께서 교회를 피로 사셨다고 가르치며, 히브리서 9장도 그렇습니다. 그리고 "죄가 더한 곳에 은혜가 더욱 넘쳤다"고도 합니다. 성자 하나님께서는 우리를 위해 모든 천사 그리고 하늘과 땅의 그 어떤 피조물의 희생을 훨씬 능가하는 희생제물이 되심으로써 이러한 순종과 겸손을 나타내셨던 것입니다.

두 번째 이유는 중보자께서 자기 능력으로만이 아니라 자기 공로로 말미암아서도 구속주가 되기로 하셨기에, 무엇보다도 먼저 죄를 정복하시고, 하나님의 진노와 사망을 친히 극복하셔야만 했기 때문입니다. 그분은 인성으로 하나님의 무한한 진노라는 무거운 짐을 짊어지면서도 그 밑에 함몰되지 않고 그것을 극복하여 죽은 자들로부터 친히 살아나셔야만 했습니다(요한복음 10장). 그래서 그분은 죽음을 겪은 참 사람이 되심과 동시에 무한하시며 영원하신 참 하나님이셔야만 했습니다. 이것은 바로 그리스도의 인성이 그것을 지탱해 준다고 할 수 있는 그분의 신성과 한 인격 안에서 연합함으로써, 우리의 구원이 절대로 흔들리지 않도록 했다는 말입니다. 이러한 위격적 연합은 죄와 고통과 하나님의 진노와 사망이 아무리 크다고 하더라도 해체될 수 없는 것입니다. 이러한 이유로 사도 바울은 로마서 1장에서 말씀하기를, 그리스도께서는 부활의 능력으로 말미암아 자신이 하나님의 아들 되심을 보이셨다고 합니다. 그분은 그 능력으로 말미암아 우리에게 믿음을 주시고, 그 믿음을 통해 그분의 공로를 우리의 것으로 여겨주심으로써, 우리의 기도와 탄식을 들으시며 우리에게 성령을 나누어 주십니다. 그로 말미암아 그분은 하나님의 형상이 우리 안에 회복되도록 하시고, 우리로 하여금 영생하도록 하십니다. 그렇게 그리스도는 그분이 얻어내셔서 우리 안에 영원토록 보존케 해주시는 그 구원을 우리에게 능력 있게 나누어 주십니다. 그러나 이 모든 것은 전능하신 분으로 인하여 할 수 있는 것이기 때문에, 중보자께서 원래부터 전능하신 참 하나님이셔야만 했던 것입니다. 골로새서 1장이 말씀하는 대로, 성부께서는 처음부터 우리를 그분의 형상으로 창조하셨으므로, 그분 외에 누가 우리를 하나님의 형상으로 재창조할 수 있겠습니까? 참 하나님이신 그분 외에 누가 성령을 나누어 줄 수 있겠습니까? 요한복음 1장이 말씀하는, 처음부터 그 안에 생명이 있었던 그리스도 외에 누가 우리에게 다시금 영생을 줄 수 있겠습니까?

마지막으로, 하나님께서 "나는 여호와라 나 외에는 구원자가 없느니라"고 말씀하셨기 때문에, 우리의 구세주 그리스도가 하나님의 작정하심에 따라 우리의 구원을 얻어내시고 영원토록 보존하시는 참 하나님이 되시는 것이 필수적이었습니다. 그분은 전능하심과 영원하심, 측량할 수 없는 위엄과 영광 등 신성에 속한 모든 속성들을 모두 가지셔야만 했던 것입니다. 이러한 속성들이 없다면 그분은 구세주가 될 수도 없거니와 구세주의 직분을 유지할 수도 없습니다.

074

지금까지 이 조항이 달성하고자 하는 목표가 무엇인지와 중보자가 왜 참 사람이요 참 하나님이어야 하는지에 대해서 논의했습니다. 그렇다면 이제부터 그리스도의 신성과 인성이 단일한 인격 안에 연합되어 있는 위격적 연합이라는 것이 무엇인지에 대해서 알려주십시오.

위격적 연합이란 신성과 인성이라는 서로 상이한 성질이 함께 모여서 한 인격을 구성하는 것입니다. 이것은 인간 존재가 몸과 영혼이라는 두 상이한 성질로 되어있다는 것과 매우 유사합니다. 몸은 만지고 볼 수 있지만, 영혼은 그럴 수 없고, 몸은 다치고 죽을 수 있지만, 영혼을 그럴 수 없는 등의 차이가 있으면서도 몸과 영혼은 함께 모여 인간 존재의 본질을 이루게 됩니다. 몸과 영혼이 하나의 인간 존재를 이루는 것처럼, 신성과 인성은 하나의 그리스도를 구성합니다. 이는 기독교회가 항상 올바르게 고백해왔던 것입니다. 이로 인하여 그리스도의 신성과 인성 간의 위격적 연합이 무엇인지에 대해 하나님의 말씀이 우리에게 가르치는 것을 이해하기가 한층 쉬워집니다. 그리스도의 신성과 인성은 서로 상이한 성질입니다. 그리스도의 신성은 천지를 창조하신 주역이기에 시작점이 없고, 참 하나님으로서 전능하며 무한하고 공간의 제약을 받지 않습니다. 하지만, 인성은 시작점이 있고, 피조된 채로 존재하며, 창조주가 아닌 피조물이기에 전능하지 않고, 무한하지 않으며, 머리, 팔, 가슴, 다리, 발 등과 같은 유한한 지체들이 각자의 자리에 위치하고 있습니다. 이처럼 신성과 인성은 각자 구별되는 특성들과 속성들을 가지고 있으면서도 둘 중 어떤 것도 소홀함이 없이 함께 모여서 그리스도라는 한 인격의 본질을 구성하는 것입니다.

하나님은 베드로나 바울과는 위격적인 연합을 갖지 않으십니다. 비록 하나님께서 그들 속에 거하신다고 하지만, 그것은 그들의 본질에 있어서 함께 거하신다는 것이 아닙니다. 따라서 "하나님과 그는 하나의 인격을 이룬다"거나 혹은 "그는 곧 하나님"이라는 말은 그리스도에 대해서는 성립하지만, 베드로에 대해서는 성립하지 않습니다. 위격적 연합에 대한 이와 같은 사실은 그리스도의 잉태로부터 귀결되는 것인데, 왜냐하면 그리스도가 잉태되실 때 완전한 위격적 연합이 이루어졌기 때문입니다. 그 이후로 그리스도의 신성과 인성이 한 인격 안에 다르게 연합하는 일이 다시는 없을 것입니다. 모태에서부터 그리스도의 신성과 인성은 위에 언급된 속성들을 간직했던 것입니다.

이제부터 그리스도의 신성과 인성이 한 인격 안에 연합되어야만
하는 이유에 대해서 설명해 주십시오.

하나님과 우리 사이에 존재하는 연합이나 그 사이에 체결된
은혜 언약의 토대가 굳건하고 흔들리지 않도록 하기 위해서 하나님
께서는 특별한 방식, 즉 그리스도의 신성과 그 속성, 그리고 그리스
도의 인성과 그 속성이 서로 침범하지 않고, 위격적 연합으로 함께
모여 연합되게 하려는 뜻을 세우셨습니다. 이는 하나님께서 결심하
시고 영원한 규례로 작정하신 대로 구원이 취득되고 영원토록 보증
되도록 하기 위한 것이었습니다. 인성과 신성이 한 인격 안에 연합
되지 않고는 하나님의 작정과 계획에 따라 구원이 취득될 수 있는 길
이 없었습니다. 왜 없었습니까? 첫째로, 만약 하나님과 사람이 그리
스도 안에서 한 인격을 이루지 않았더라면, 흘려진 것은 하나님 아들
의 피가 아니었을 것이며, 희생제사는 온 세상의 죄를 속하기에 충분
한 가치를 가진 것이 아니었을 것입니다. 더구나, 만약 그리스도의
인성이 신성과 강하며 떨어질 수 없는 연합으로 연합되지 않았다면,
그 인성은 하나님의 무한한 진노를 견뎌낼 수 없었을 것입니다. 그리
스도의 인성은, 그 어떤 산보다 무겁고 온 천지보다도 무거운 하나님
의 진노의 무한한 무게를 참을성 있고 신성모독 없이 견디고 극복해
내야만 했기 때문입니다. 만약 그리스도께서 신성과 인성이 영원히
연합된 채로 계시지 않는다면, 우리의 구원은 영원토록 더욱 불안정

해질 것입니다. 그리스도께서 제사장 직분을 취하시고 완벽한 속죄를 이루시려면, 그러한 역사를 이루어야 했던 그분의 몸과 영혼이 바로 하나님 아들의 몸과 영혼이어야만 했던 것입니다. 그리고 그리스도께서 단번에 드리신 제사로 말미암아 하늘에서 우리를 위해 제사장과 중보로서 탄원하시는 효력이 영원하기 위해서는, 그리스도께서 하늘에서 성부 하나님 앞에 보였던 몸과 영혼 역시 하나님 아들의 몸과 영혼이어야만 했습니다. 우리 죄의 대가가 지불되고 씻김을 받은 것도 하나님과 우리의 화목의 영원한 보증이라고 할 수 있는 그리스도의 몸과 영혼으로 한 것입니다.

더욱이, 그리스도의 신성이 인성과 영원토록 연합되지 않았더라면, 그리스도는 스스로의 능력으로 구세주가 될 수 없었을 것입니다. 그리스도의 신성과 성부 하나님으로부터 성령이 발출되시는데, 그 성령께서 우리를 인도하여 그리스도를 소유하고, 그리스도께 접붙임을 받고, 영원한 생명으로 우리가 새롭게 되도록 하십니다. 성령으로 말미암아 참 믿음으로 그리스도의 몸에 편입된 이들이 영원한 생명에서 절대로 떨어지지 않도록 하기 위해서, 영원한 하나님의 아들이신 그 말씀은 요한복음 1장 말씀대로 처음부터 그 안에 생명이 있었습니다. 또한, 골로새서 2장 말씀처럼 한 인격 안에서 육체로 그분이 취하신 인성에 영원토록 거하시는 존재가 되어야만 했습니다. 그래서 우리는 이사야 말씀처럼 우리의 임마누엘, 즉 하나님께서 우리와 함께 계시는 분이신 예수 그리스도 때문에, 하나님께서 실제로 우리와 함께 거하시고 영원토록 그렇게 하실 것을 압니다.

넷째, 하나님과 사람 사이의 언약이 영원하기 때문에, 그 언약의 근간이라고 할 수 있는 그리스도의 한 인격 안에 그분의 신성과 인성도 각각 그것들의 속성들과 함께 변하지 않고 침범되지 않은 채 영원히 있으며, 신성이나 인성 혹은 그것들의 속성들이 한쪽에 의해 잠식되는 일은 없다는 말씀입니까?

네, 그럴 수 없습니다. 그렇지 않다면 하나님의 언약을 그 토대와 근간으로부터 헐고 파괴하고 말 것입니다. 하나님과 사람 사이에 언약과 화목이 성립하려면, 중보자의 신성과 인성, 그리고 그 모든 속성들 모두가 실제적이며 변질이 없어야만 합니다. 같은 논리에서 우리를 영원한 구원으로 구원하고자 중보의 직분을 맡으신 언약의 중보자라고 하는 토대에서는 몸과 영혼과 육체와 뼈에 이르기까지 모든 인성이 참되고 변질이 없고 완전해야 하고, 그러한 상태로 영원토록 보존되어야 합니다. 이것은 마태복음 22장 31-32절 말씀대로, 부활 이후에 우리 육체와 뼈 역시도 언약으로 말미암아 영원한 구원을 상속받을 수 있도록 하기 위함입니다. 신성과 인성 중 어느 하나라도 기형적이 되거나 그 속성들이 부정된다면, 하나님의 언약은 시작될 수도, 체결될 수도, 유지될 수도 없으며, 결국 해체되고 말 것입니다.

다섯째, 중보자의 신성과 인성이 온전하며 침범 없이 유지된다고
이야기하는 것만으로 충분하지 않은 이유에 대해서 좀 더 잘 설명
해 주십시오. 왜 신성과 인성의 속성들이 구분된 채로, 침범 없이
유지되어야 한다는 말을 덧붙여야만 하는 것입니까? 그 속성들이
구분되지 않았을 때 발생할 것으로 우려되는 위험들에 대해서도
알고 싶습니다.

좋은 지적입니다. 그 이유는 인류의 대적의 궤계에 맞서고 하
나님의 언약을 맞이하기 위함입니다. 대적은 그의 수하들과 더불어
서 그리스도가 참 하나님이시며 참 사람이시라는 것을 견디지 못하
고 그리스도의 신성 혹은 인성을 꾸준히 공격해왔습니다. 대적은 신
성이나 인성 중에 하나에 해를 입히게 될 경우, 그리스도의 직분에
대한 교리가 허물어진다는 사실을 잘 알고 있습니다. 그리스도의 인
성이나 신성에 관한 가르침이 해를 입게 되면 하나님의 모든 언약은
그리스도의 인격과 사역에 그 기반을 두고 있기에, 자동적으로 전복
되게 되고, 언약의 대상인 그리스도인의 마음은 절망에 빠지게 됩니
다. 그러므로 마귀는 기회가 있는 대로 부끄러움 없이 힘 있게 그리
스도의 신성 혹은 인성을 완전히 부인했는데, 악하고 잘못된 유대인
들을 통하여 메시아의 신성을 부인할 때에도 그러했고, 첼레스티노
파(die Celestinos)를 통해 그리스도 인성의 실재성을 부인할 때에도 그러

했습니다.* 하지만 이러한 부끄러움 없는 당돌함이 어긋나는 것을 목격할 때면 마귀는(마귀처럼 찬 것과 더운 것을 모두 입에서 토하여 내도록 훈련을 받은 그의 종들을 통하여) 자신이 그리스도의 신성과 인성을 모두 고백한다는 거짓 주장을 합니다. 그러면서도 그리스도의 신성과 인성의 속성들을 부인하고 제거해 버림으로써, 신성과 인성 그 자체를 필연적으로 파괴하고야 맙니다. 이것은 마치 사탄이 불의 존재를 시인한다고 하면서도, 그가 믿는 불이란 얼음처럼 차갑고 냉각된 것이라고 말하는 것과 같습니다. 논리적으로 볼 때, 불의 속성을 부인하는 것이 곧 불의 본질을 부인하는 것이라는 사실을 그 누가 알지 못하겠습니까? 불의 속성을 부인하는 것은 곧 "불이 없다"고 말하는 것이나 다름없지 않습니까? 사탄이 그리스도께서 참된 인간의 몸을 가졌다고 시인하면서도, 그 참된 인간의 몸에 속한 속성, 즉 만져지고, 붙잡을 수 있고, 볼 수 있고, 한 번에 한 장소에만 있을 수 있는 등의 속성에 대해서는 부인하는 것 역시 이와 마찬가지인 셈입니다. 사탄은 그리스도의 육체에 적절하지 않은 속성, 즉 보이지 않고, 느끼거나 붙잡을 수 없고, 하늘과 땅의 어느 한 장소에만 국한되지 않는 등의 육체가 아니라 영으로 된 신적 속성이 전혀 없다는 사실을 변호하지만, 동시에 보이지 않고 이해할 수 없는 방식으로 그리스도의 몸이 하늘과 땅을 채우고 있다고 주장합니다. 사탄이 주 그리스도의 몸을 가리

---

* 역자주: 문맥상으로 볼 때, 동일한 이름의 중세 교황이나 수도회를 가리킨다고 보기 어렵고, 2세기의 철학자 켈수스(Celsus)를 가리키는 것으로 보인다.

켜 보이지 않고 불가해한, 특정 장소에 국한되지 않는 몸이라고 하는 것이야말로, 그리스도의 몸이 참 인간의 몸이 아니라, 누가복음 24장 39절처럼 유령이라고 생각하도록 우리를 잘못 인도하는 것이 아니라면 무엇이겠습니까? 이와 같은 간교함이야말로 사탄이 그리스도의 신성과 인성에 대항하여 싸우는 방식이며, 사탄의 이러한 계략은 참 하나님이요 참 사람이신 그리스도께서 구름 중에 나타나 그분의 위엄과 그분의 참 사람이심을 보이실 때까지 계속될 것입니다. 하지만 사탄과 그의 수하들이 해하려고 하는 그리스도의 신성과 인성은 사탄과 그의 졸개들로 하여금 영원한 불명예를 입도록 할 것임을 요한계시록 1장은 말씀합니다.

사탄이 그리스도의 신성 혹은 인성의 속성을 부인함으로써 그것들을 부인한 자세한 예를 알려주시고, 그것이 어떠한 위험을 가져오기에 사탄이 이렇게 하였는지에 대해서도 설명해 주십시오.

사탄은 이단자 아리우스를 부추겼고, 아리우스를 통해 그리스도가 참 하나님이 아니라는 이슬람에서 가장 중요한 교리가 생겨나는 길을 예비하도록 하였습니다. 아리우스가 그 길을 준비한 방식은 다음과 같습니다. 그는 그리스도가 참 하나님이심을 인정한다고 고백했습니다. 만약 그가 그 사실을 부인하기를 원했더라면, 당시 그리스도를 믿는 믿음이 온 땅에 받아들여지고 있었기 때문에, 그의 이야기를 들으려는 사람이 전혀 없었을 것입니다. 하지만 아리우스는 여기에 그치지 않고 성자 하나님은 성부 하나님보다 열등한 존재이며, 영원성과 전능성에 있어서 동일하지 않고, 본질에 있어서 동일하지 않다고 말했습니다. 이러한 견해는 하나님의 언약의 토대를 고려하지 않고, 이 토대가 해를 입으면 어떤 결말에 이르게 되는지에 대해서 가만히 생각해보지 않은 다수의 천박한 사상가들에 의하여 열렬히 차용되었습니다.

079

여기서 악한 자가 염두에 두고 있는 것은 무엇입니까?

악한 자는 사람들이 그리스도가 참되고 영원한 하나님이 아니
라는 결론을 내리기를 원했습니다. 그래서 그는 이슬람교도들 사이
에서 이러한 결론을 계시하고 견지했습니다.

악한 자는 어떻게 이러한 결론에 도달했습니까?

하나님의 속성은 다음과 같습니다. 그분은 모든 것의 궁극적 원인이시고, 능력이 무한하시며, 영원하시고, 시작이 없으신 분입니다. 누구든지 하나님의 이러한 속성들을 부인하는 사람은 하나님께 경배하는 것이 아니며, 실제로는 신성이 없는 우상을 자기를 위해 소환해내는 사람입니다. 그래서 아리우스는 성자 하나님이 그 모든 신적 본질에 있어서 성부 하나님과 동등하시다고 고백할 수 없었기에, 성자 하나님께 성부 하나님보다 못한 능력을 돌렸던 것입니다. 아리우스는 또한 성자 하나님이 성부 하나님과 영원토록 함께하는 존재가 아니라고 주장했습니다. 성자 하나님의 참된 신성의 이와 같은 속성들을 부인함으로써, 사탄은 오늘날까지 이슬람교도들이 그러했듯이, 그리스도를 단지 선지자로 여겨야 한다는 결론을 내렸습니다. 그리스도를 부인하는 이러한 가르침은 아리우스의 교리에서 그 기원을 찾을 수 있습니다.

그리스도의 인성을 대적하는 사탄의 간교함에 대해 예를 들어 설
명해 주십시오.

얼마 후에 사탄은 자신이 그리스도의 참된 인성을 부인했다는
사실을 인정하지 않으면서도 그리스도께서 다른 사람들과 같은 성격
과 속성을 지니셨다는 것을 부정했던 이단자 유티케스를 부추겼습니
다. 마찬가지로 오늘날에도 사탄은 그의 종들이 그리스도의 인성을
부인한다고 생각하기를 바라지 않고, 다만 참 사람의 성격과 속성들
을 제거하고 그 외의 속성들을 대신 집어넣음으로써, 그리스도의 취
하신 인성을 참 사람도 아니고 피조물도 아닌 것으로 둔갑시킵니다.
그리스도의 몸이 하늘과 땅에 편재한다고 하면서 이러한 편재성의
원인과 기원을 동정녀의 몸에서 일어난 그리스도의 인성과 신성 사
이의 위격적 연합에서 찾는 사탄의 조작을 그 예로 생각해볼 수 있습
니다.

082

악한 자가 그리스도의 사람되신 몸을 가리켜, 보이지 않고, 불가해하고, 모든 장소에 한 번에 있을 수 있다고 하는 것에 도사리고 있는 위험은 무엇입니까?

만약 그리스도의 인성, 즉 그분의 참된 몸과 영혼이 한 번에 한 장소에 있는 것 등과 같은 속성들을 간직하지 않고, 그리스도의 몸이 어디에나 동시에 계신다고 한다면, 이것은 인간 몸의 성격과 속성과는 반대되는 것입니다. 만약 이러한 편재성이 모태에서 잉태된 것에서부터 기인한다고 한다면, 다음과 같은 위험요소들이 존재하게 됩니다.

첫째, 편재하는 몸은 어머니의 모태 밖에도 있었을 것이고, 모태 외에도 다른 곳에서 잉태되었을 것이기에, 그리스도는 모태에서 잉태될 수 없었을 것입니다. 또한 그리스도가 동정녀 마리아에게서 태어날 수도 없었을 것인데, 왜냐하면 그분의 몸은 이미 어느 곳에나 계시기 때문입니다.

둘째, 만약 동일한 몸이 다른 장소들에도 있었다면, 그리스도는 본디오 빌라도에게 고난을 받으실 수 없었을 것입니다. 왜냐하면 비록 그리스도의 몸이 빌라도 앞에 서서 우리의 심판과 형벌을 당하시는 것처럼 보일지라도 그 몸은 세상의 여러 다른 곳에 있기에 빌라도 앞에 선 것이 아니었을 것입니다. 따라서 한 장소에서는 그리스도가 정죄되었지만, 다른 곳에서는 그렇지 않았을 것입니다. 이와 유사하게, 그리스도의 몸이 보이지 않게 세상의 여러 다른 곳에 계셨다면, 그리스도의 몸은 우리를 위해 십자가에 실제로 달리지 않았을 것입니다. 그리고 그리스도의 몸이 전 세계 어디에나 있었다고 한다면, 그리스도의 몸은 실제로 죽어 장사되지도 않았을 것입니다. 게다가 하나님 우편에 앉으신 그리스도의 발이 승천할 때에도 여전히 땅에 서 있었다고 한다면, 그리스도는 하늘에 오르지 않으셨을 것입니다. 이런 식의 논증은 아주 많습니다.

마치 차가운 것이 불의 성격과 반대되는 것처럼 보이지 않고, 불가해하고, 여러 장소에 한꺼번에 있을 수 있는 몸이라는 것은 누가복음 24장 39절 말씀에 따르면, 참된 인간 몸의 성격이나 속성과는 상반된 것입니다. 그리스도가 그와 같은 육체를 가졌다고 한다면, 누가복음 24장 6절 말씀에서 보듯이, 그리스도와 그분의 공로에 관한 기독교 신앙의 모든 주요 조항들이 부정되고 파괴될 위험에 처하게 됩니다.

하지만 그리스도의 참된 인간으로서의 몸이 보이지 않게 한 번에
모든 장소에 존재한다는 것을 고백하지 않으면, 그리스도의 신성
과 인성 간의 위격적 연합이 암시적으로 끊어져 버리는 것이 아닙
니까?

그럴 수 없습니다. 왜냐하면 그리스도의 인성과 신성의 위격
적 연합이란 잉태될 때 모태에서 오직 단번에 일어난 사건으로서 그
외에는 그 어떤 위격적 연합이 일어난 적이 없기 때문입니다. 위격
적 연합이 일어난 모태에서 그리스도의 몸은 한 번에 동정녀 마리아
의 몸이라는 한 곳에만 있었고, 보이든지 안보이든지 그 외에는 세
상 어디에도 없었습니다. 하지만 온 세상도 담을 수 없는 그리스도
의 신성은 동정녀의 몸에 갇혀 있을 수 없었고, 하늘과 땅을 넘어선
다 하더라도 그 신성을 다 담아내기에는 충분하지 않았습니다. 그러
므로 그 사실(인성은 한 곳에만 있을 수 있지만, 신성은 그렇지 않다는 사실)은 신
성과 인성의 모태에서의 위격적 연합을 불가능하게 만들지 않고, 일
단 그 연합이 일어난 후에는 그것을 분리시키지도 않았으며, 그 외
에는 위격적 연합이 다시는 일어나지도 않았습니다. 우리는 그리스
도의 몸이 그리스도가 계시기 원하는 곳인 하늘에 있다고 말하지,
지구상의 수천 개의 장소에 동시에 계신다고 말하지 않습니다. 반면
에, 그리스도의 신성은 그가 취하신 몸과 영혼 안에 있을 뿐 아니라
몸과 영혼 밖인 천지에도 계시다고 말합니다. 그러므로 결론적으로

우리는 그리스도의 위격이 모태에서 분리된 것 이상으로 그리스도의 인성과 신성을 분리하는 것을 허용하지 않는데, 이는 우리가 태양이 하늘이라는 한 장소에 있지만, 그 광채는 수천의 사람들 중에 있다고 참되게 말하면서도 태양과 그 광채를 분리하지 않는 것과 같다고 하겠습니다.

"본디오 빌라도에게
고난을 받으사"

신앙의 조항들을 계속해서 설명해봅시다. 왜 그 다음 구절인 "본
디오 빌라도에게 고난을 받으사"는 그리스도의 탄생으로부터 곧
바로 고난과 죽으심으로 넘어가며 그의 생애에 관한 언급은 하지
않는 것입니까?

그 이유는 이 짧은 신앙고백이 우리 구속의 실제 토대요 본질
에 관련된 것만을 포함하기 때문입니다.

085

사도신경에서 그리스도의 고난과 죽으심 부분을 다루기 이전에,
그리스도의 생애라는 역사 전체에서 우리 신앙을 세우기 위하여
특별히 주목해야 할 것이 있다면 무엇인지 말해주십시오.

우리의 믿음은 그리스도의 생애라는 역사에서 특별히 두 가지
를 봅니다. 첫째는 하나님이 선지자들을 통하여 그분에 대해 미리 말
씀하시고, (맹인을 보게 하며 죽은 자를 일으키는 등의) 기적들로 그 말씀을 확
증하신 분이 약속된 구세주여야 한다는 것입니다. 사탄이나 그 어떤
피조물도 그와 같은 기적을 행할 수 없었습니다. 이것이 우리가 그리
스도의 생애라는 역사를 살펴볼 때 언제나 첫째로 염두에 두어야 할
점입니다.

믿음이 주목하며 우대하는 그리스도 생애의 또 다른 측면은
바로 주 그리스도께서 우리와 같은 인격을 가지시고 전 생애에 걸쳐
성부 하나님께 순종적으로 복종하는 겸손을 보여주신 것입니다. 비
록 우리의 구원이 무엇보다도 죽음에서 보이신 그리스도의 복종하심
에 기인한 것이기는 하지만, 그리스도의 나머지 생애도 제외되지는
않습니다. 그의 전 생애에 걸쳐 그리스도는 종의 형체를 취하셨습니
다. 사도 바울은 성자 하나님께서 시종일관 온전히 순종적인 겸손을
보이신 것에 대해 빌립보서 2장에서 말하고 있습니다. "자신을 낮추
시고 죽기까지 복종하셨으니 곧 십자가에 죽으심이라."

"본디오 빌라도에게 고난을 받으사"라는 조항이 있는데, 왜 그리스도는 재판정에 합법적으로 앉은 재판장에게 정죄 당하셔야만 했습니까?

역대하 19장 말씀에 따라 빌라도의 입을 통하여 심판을 선고하신 분은 하나님이심을 우리는 바라보아야 합니다. 그리스도께서 지상에서 행악자라고 하여 재판에 넘겨졌을 때, 그분은 우리의 정죄와 형벌에 따른 심판을 친히 담당하시기 위하여 당신과 나의 죄를 지고 하나님 앞에서 심문을 받으셨습니다. 그러한 이유로 그리스도는 마치 그분이 우리 각 사람이라도 되듯이 심문에 넘겨져야만 했고, 비록 빌라도가 상당히 다른 사고를 가지고 있기는 했지만 그래도 그 재판장을 통하여, 하나님으로부터 친히 사형판결을 받으셔야만 했습니다. 하지만 우리의 죄가 단번에 하나님의 아들에게서 빌라도를 통하여 판결을 내리신 하나님에 의하여 정죄되고 처벌된 이후, 우리는 더 이상 우리의 죄를 진술하기 위하여 하나님의 심판의 자리 앞에 끌려올 필요가 없어졌고, 그 죄들로 인하여 정죄를 받을 일은 더욱 없어졌습니다. 성경은 이러한 심판을 주재하시고 빌라도의 입을 통하여 성자에게 판결을 내리신 하나님께 우리의 마음을 올려드려야만 한다고 명확하게 가르칩니다. 그리스도께서 "아버지여, 만일 할 만하시거든 이 잔을 내게서 지나가게 하옵소서 그러나 나의 원대로 마시옵고 아버지의 원대로 하옵소서"라고 부르짖으실 때 가진 굉장한 두려움이 어디에서 왔겠습니까? 그 두려움은 바로 그분이 하나님의 심판 앞에 나아가서 정죄와 하나님의 진노가 담긴 잔을 우리를 위해 비워야 한다는 것을 알고 느낀 데에서부터 온 것입니다. 이사야 53장도 주목하십시오. "여호와께서 그에게 상함을 받게 하시기를 원하사." 로마서 8장은 하나님에 대해서 "자기 아들을 아끼지 아니하시고 우리 모든 사람을 위하여 내주신 이"라고 하며, "누가 능히 하나님께서 택하신 자들을 고발하리요 의롭다 하신 이는 하나님이시니"라고 말씀합니다. 그리고 고린도후서 5장을 보십시오. "하나님이 죄를 알지도 못하신 이를 우리를 대신하여 죄로 삼으신 것은 우리로 하여금 그 안에서 하나님의 의가 되게 하려 하심이라"(즉, 죄를 위한 희생제사가 되셨다는 뜻). 사도행전 4장도 참고하십시오.

왜 성경은 그리스도께서 재판장의 입술을 통하여 행악자로 정죄 되었다고만 하지 않고, 동일한 입술을 통하여 무죄하다고도 선언 되었다고 합니까?

정죄와 무죄 선언이 공히 우리의 믿음을 강화시키기 때문입니다. 그리스도께서 경건하지 않은 이들 중에서 심문을 받으시고 정죄를 받으신 것, 그리고 하나님이 그와 같은 큰일을 헛되이 행하지 않으셨다는 것 때문에 실로 하나님 아들이 우리 각 사람을 대신하여 그 재판정에 서서 마치 우리 인격이 그곳에 서기라도 한 것처럼 우리를 위해 취하신 인성을 통해 정죄 판결을 기꺼이 지시고 그것을 제거시키셨다는 사실이 우리에게 나타났습니다. 더욱이, 그분을 정죄했던 바로 그 입술로부터 무죄하다는 인정을 받으신 것에서 우리는 그리스도가 자신의 죄가 아닌 우리의 죄를 위하여 고난을 당하셨다는 것을 알 수 있습니다.

"십자가에
못박혀 죽으시고"

그리스도께서 십자가의 죽음을 거치셔야만 했던 이유는 무엇입니까?

우리는 우리의 죄로 인한 저주스런 죽음이라는 빚을 하나님께 지고 있었으며, 십자가에서의 죽음은 사람에게서만 저주받는 일이 아니라 하나님 자신으로부터 저주를 받는 일이었기 때문에 그런 일이 일어난 것입니다. 하나님이 신명기 21장에서 말씀하신 것과 같습니다. "나무에 달린 자는 하나님께 저주를 받았음이니라." 그러므로 우리의 보증이신 그리스도께서는 그분의 속죄를 통해 우리를 하나님의 저주로부터 구속하시기 위하여, 십자가 죽음을 겪으셔야만 했습니다. 사도 바울이 갈라디아서 3장에서 가르친 것처럼 말입니다. "그리스도께서 우리를 위하여 저주를 받은 바 되사 율법의 저주에서 우리를 속량하셨으니 기록된 바 나무에 달린 자마다 저주 아래에 있는 자라 하였음이라 이는 그리스도 예수 안에서 아브라함의 복이 이방인에게 미치게 하고 또 우리로 하여금 믿음으로 말미암아 성령의 약속을 받게 하려 함이라." 그러므로 하나님의 저주의 상징인 십자가의 죽음으로부터 우리에게 마땅히 내려져야 했으나 그리스도께 지워졌던 하나님의 저주의 무게를 우리들은 놓치지 않고 분명하게 알 수 있습니다. 그리스도가 일반적인 죽음을 맞거나 다른 종류의 죽음을 겪었다면, 이와 같은 일이 우리에게 일어났을 것이라고 장담할 수 없었습니다.

그렇다면 그리스도께서 십자가에서 우리를 위해 실제로 저주가 되셨다는 말입니까?

네, 그분은 인류를 위해서 뿐만 아니라 하나님을 위해서 실제로 그렇게 되셨습니다. 이는 성령께서 갈라디아서 3장에서 "그리스도께서 우리를 위하여 저주를 받으사"라고 말씀하신 것과 같고, 사도 바울이 하나님의 입으로부터 "나무에 달린 자마다 저주 아래에 있는 자라 하였음이라"고 입증하며 말한 것과도 같습니다. 하나님께서 처음으로 그것을 말씀하셨을 때, 그분은 성자께서 어떠한 종류의 죽음을 겪으실 것인지에 대해서 매우 잘 알고 계셨습니다. 사도행전 4장 말씀처럼, 그 죽음은 바로 하나님의 영원한 규례에 따라 그리스도를 위하여 이미 작정된 십자가 죽음이었으며, 그곳에서 그리스도는 하나님의 저주를 받으셨습니다. 이는 우리의 모든 소망과 우리를 향하신 하나님의 무한한 사랑은 하나님께서 우리를 저주하는 대신 하나님의 복과 은혜로 우리를 채우시기 위해 겉모양만이 아닌 실제로 하나님의 진노를 성자께 부었으며 실제로 성자를 저주하셨다는 사실에 공통적으로 의거하고 있기 때문입니다. 그리스도는 진실로 우리를 위하여 저주를 받으셔서 우리로 하여금 최후의 심판 때에 "저주를 받은 자들아 나를 떠나 영원한 불에 들어가라"는 말이 우리에게 들리지 않을 것이 확실해지도록 하십니다. 그리스도가 참 하나님이 아니셨다면 영원히 그 저주의 무게 밑에 깔릴 수밖에 없었을 정도로 그리스도는 저주를 받으셨으나, 우리의 유익을 위하여 그분은 그 저주의 무게로부터 빠져나오셨습니다.

하나님 아들이 우리를 위해 하나님의 저주가 되셨다고 하는 것은
불명예가 아닙니까?

전혀 아닙니다. 왜냐하면 그리스도가 우리의 저주라는 생소한
저주를 스스로 짊어지시고 감당하심으로써 성부 하나님에 대한 지고
한 형태의 복종을 나타냄과 동시에, 우리를 향하신 그분의 완벽한 사
랑을 나타내셨다고 믿기 때문입니다. 더욱이 그분은 우리의 저주를
친히 짊어지시고 극복하심으로써 자신의 신적인 능력을 계시하셨습
니다.

왜 그리스도께서 죽음을 겪으셔야만 했습니까?

왜냐하면, 하나님께서는 진실하시고 공의로우시기 때문입니다. 하나님께서는 우리의 첫 조상인 아담과 하와에게 말씀하시기를, 하나님의 명령에 불순종하면 죽으리라고 하셨습니다. 그래서 그들의 죄와 그에 파생된 모든 것의 대가는 (히브리서 2장 말씀처럼) 하나님 아들의 우리를 위한 고난과 죽음 이외에는 다른 어떤 방법으로도 치를 수 없는 것입니다. 이 죽음이란 하나님의 심한 진노에 의해 하나님 아들의 몸과 영혼이 몹시 괴롭고 고통스러운 분리를 겪은 것이었습니다.

그리스도의 죽음으로부터 우리가 얻는 유익은 무엇입니까?

첫째, 히브리서 2장에 언급된 유익이 있습니다. "죽음을 통하여 죽음의 세력을 잡은 자 곧 마귀를 멸하시며 또 죽기를 무서워하므로 한평생 매여 종노릇 하는 모든 자들을 놓아 주려 하심이니." 둘째, 그리스도는 죽으심을 통하여 성령을 우리를 위해 획득하심으로써, 로마서 6장 말씀처럼 그분의 능력으로 우리가 매일 우리 속에 있는 죄를 죽이도록 하셨습니다.

하지만 우리의 경험으로 볼 때 아무도 죽음을 피할 수 없고, 또한 죄가 우리 속에서 하나님의 성령으로 아직 완전히 죽지도 않았기 때문에, 그리스도의 죽으심을 통하여 우리의 형벌을 우리로부터 제거하는 일도, 우리 속에서 죄를 죽이시는 성령을 획득하는 일도 이루어지지 않은 것처럼 보입니다.

무엇보다도 그리스도께서는 자신의 죽으심을 통해 우리를 위한 은혜를 획득하심으로써 우리의 죗값이 지불되도록 하셨습니다. 그래서 우리의 육체적 죽음은 우리 죄의 값을 지불하는 것도 아니고 영원한 사망에 들어가는 것도 아니며, 단지 요한복음 1장과 빌립보서 1장 말씀처럼 우리의 죄짓는 것을 끝내고 영생에 들어가는 것입니다. 그리스도께서는 또한 자신의 죽으심을 통하여, 우리를 위해 우리 안에서 죄를 죽여주실 성령을 획득하셨습니다. 죄에 대한 이러한 죽음은 단번에 일어나는 것이 아니라, 날마다 우리 속에서 우리가 죽을 때까지 그 권능을 잃게 되는 것입니다. 죽음의 순간은 죄에 대한 죽음을 방해하는 것이 아니라 오히려 그것을 진전시킵니다. 왜냐하면, 우리 몸은 영원한 영광에 들어가기 전에 항상 부패한 본성이 완전히 제거되어야 하는데, 하나님은 육체적 죽음을 도구로 사용하셔서 우리의 부패한 본성을 완전히 제거하시기 때문입니다. 고린도전서 15장에서 사도 바울은 "혈과 육은 하나님 나라를 기업으로 받을 수 없다"고 하는데, 이것은 육체와 피가 그것들의 부패한 성질과 본성을 제쳐 놓지 않는 이상은 하나님 나라를 상속받을 수 없다는 뜻입니다.

094

그리스도의 죽으심으로부터 우리가 얻는 이 두 가지 유익에서, 비록 인간 본성이 죽음을 두려워하라고 가르칠지라도, 신자들은 죽음을 두려워할 필요가 없다는 결론이 도출되는 것이 아닙니까?

비록 인간 본성은 몸과 영혼이 서로 분리되는 것을 생각할 때 겁을 먹게 되어 있지만, 그리스도께서는 요한복음 8장에서 "누구든지 나를 믿는 자는 죽음을 보지 않을 것"이라고 말씀하셨기에, 우리는 육체적 두려움을 필연적으로 제어하고 극복할 능력이 있는 그리스도의 죽으심과 부활을 믿는 믿음이 그 능력을 발휘하지 못하는 지경에 이르도록 두어서는 안됩니다. 빌립보서 1장과 고린도후서 5장, 그리고 요한일서 3장도 참고하십시오. 그리스도는 정녕 우리로 하여금 죽음 중에 하나님의 진노를 맛보지 않도록 하시기 위하여 사망의 모든 독을 들이키셨습니다. 이는 그분께서 "아버지여 만일 할 만하시거든 이 잔을 내게서 지나가게 하옵소서 그러나 나의 원대로 마시옵고 아버지의 원대로 하옵소서"라며 대단한 열심으로 부르짖었던 것을 통하여 증거되었습니다. 이것은 우리가 죽음에서도 하나님께 순종하도록 격려해주는데, 왜냐하면 그리스도께서 우리를 위해 자신의 뜻을 아버지의 뜻에 복종시키시고 우리를 위해 쓴 독과도 같은 하나님의 진노를 마셔 없애버렸기 때문입니다.

"장사되어 지옥에
내려가셨다가"

왜 그리스도는 장사되셨습니까?

우리로 하여금 우리의 구원을 좌우하는 그분의 죽음에 대해서 의심할 수 없도록 하기 위하여, 마태복음 27장과 요한복음 19장과 사도행전 13장 말씀대로, 그리스도께서는 보통의 죽은 사람들처럼 장사되는 길을 선택하셨습니다.

이제 "그가 지옥에 내려가셨다"는 그 다음 구절을 설명해 주십시오.

"본디오 빌라도에게 고난을 받으사 십자가에 못 박혀 죽으시고" 등과 같은 그리스도의 보이는 고난을 다룬 이후에, 사도신경이라는 신앙조항은 그리스도의 보이지 않는 고난 중 그분이 육체와 영혼, 특히 영혼으로 당하신 일종의 공포와 근심과 고통을 수반하는 지옥에서의 정죄 경험이라는 가장 중요한 측면에 대해 다룹니다. 이는 시편 18편과 사무엘하 22장에서 다윗도 "사망의 고통이 나를 에워쌌도다"라고 말씀하는 부분입니다. 그리스도는 그분이 견디신 모든 고난 중에서 무엇보다 우리를 위해 이처럼 괴롭고 겁나는 음부에 들어가실 때 마태복음 26장에서 친히 "내 영혼이 고민하여 죽게 되었으니"라고 하시면서 이러한 지옥의 괴로움을 증거하셨습니다. 둘째, 그리스도가 이러한 괴로움 속으로 더 깊이 들어가셔서 겟세마네 동산에서 죽음 및 하나님의 진노와 씨름하셨을 때 그분의 얼굴로부터 핏방울이 땅에 떨어지는(이전에는 그 누구에게도 일어나지 않았던) 일이 일어났던 것이야말로, 그분께서 지옥과 같은 고민과 괴로움을 경험하셨다는 사실을 증거합니다. 셋째, 그리스도가 지옥과 같은 고통과 괴로움을 가장 깊게 당하셨을 때는 바로 마태복음 27장에 있는 대로 그분이 하나님께 버림을 받고 괴로운 중에 십자가에서 "나의 하나님 나의 하나님 어찌하여 나를 버리셨나이까"라고 외치신 때였습니다.

왜 그리스도는 외적으로 고난을 당하는 것만으로 충분하지 않고, 내적으로도 지옥과 같은 고민과 괴로움을 겪어야만 했던 것입니까?

우리가 우리의 몸으로 범죄했을 뿐만 아니라, 우리 영혼으로도 범죄하여 하나님의 진노를 받는 것이 마땅했기 때문입니다. 우리의 보증인 그리스도께서는 하나님의 진노를 외적으로 몸에 겪으실 뿐만 아니라 무엇보다도 그의 영혼 가운데 지옥의 고통을 겪으심으로써 우리의 몸과 영혼으로부터 지옥의 고통을 제거하셔야만 했던 것입니다. 실로 그리스도는 함께 십자가에 못 박힌 두 살인자처럼 몸으로 고통을 당하셨을 뿐만 아니라, 이사야 53장 말씀처럼 성부 하나님께서 우리 모두의 죄악을 그분에게 담당시키셨기 때문에, 그리스도는 우리가 마땅히 받아야 할 지옥의 괴로움이라는 훨씬 큰 고통을 그분의 몸과 영혼에 공히 당하셔야만 했습니다. 비록 그리스도께서 고난을 받으사 이러한 지옥의 괴로움을 견뎌내시고 마침내 그것을 극복하신 기간이 한 때에 불과하지만, 그래도 하나님의 아들의 깊은 수욕과 괴로움을 통한 이러한 낮추심이야말로 하나님의 목전에서 우리로 하여금 영원한 고통을 면제받도록 하기에 충분한 가치를 가진 것이었습니다. 왜냐하면 그 일을 겪으셔서 자신을 매우 깊이 낮추시고 높임을 받으신 분은 참 사람이실 뿐만 아니라 참 하나님이셨기 때문입니다. 이것이 바로 그러한 고통이 한 때만 그분에게 머무를 수 있었던 이유입니다. 그분 외에는 (사람에 불과한 그 누구도) 그와 같은 고통에 영원토록 처할 사람이 없을 것입니다. 왜냐하면 그 누구도 그것을 극복하기에는 너무 약하기 때문입니다.

복음서 저자들이 그러한 슬픔과 고뇌와 두려움을 하나님 아들에게 돌리는 것은 하나님 아들에게 수치스러운 것이 아닙니까?

전혀 아닙니다. 먼저 그리스도는 자신을 위해서가 아니라 우리를 위해, 친히 그러한 괴로움과 두려움을 짊어지시고 견뎌내신 것입니다. 둘째로, 그리스도는 가장 약하고 괴롭고 고민하실 때에도 빌립보서 2장 말씀처럼 언제나 일관되게 순종하셨으며, 그 어떤 죄도 짓지 않으셨습니다. 극도의 고통 속에 있을 때에도 그분은 하나님을 신뢰하는 것을 결코 놓지 않으셨습니다. 그리스도께 가장 큰 괴로움이었던 잠시 하나님께 버림을 받으셨을 때에도, 그분은 여전히 "나의 하나님 나의 하나님"이라고 두 번 말씀하셨는데, 이는 히브리서 5장 7절 말씀대로 "내가 신뢰하는 나의 구세주"라는 의미입니다.

그 자신이 하나님이신 분이 어떻게 하나님으로부터 버림을 받을 수 있습니까?

그리스도는 참 하나님이시며 참 사람이십니다. 그리스도는 그분의 신성으로는 그 능력을 떨치지 않으면서, 그분의 인성으로 하나님으로부터 잠시 버림을 당하셨으니, 이를 가리켜 옛날 사람들은 "쉬셨다"고 표현했습니다. 이는 하나님이 선지자들로 말씀하신 것을 이루기 위함이었습니다. "여호와께서 그로 상함을 받게 하시기를 원하사 약함에 처하게 하셨은즉 그의 영혼을 속건제물로 드리기에 이르리라." 그러므로, 히브리서 5장 7절 말씀대로 그리스도는 우리로 하여금 하나님과 화목하게 하고 그분에게 결코 버림을 받지 않도록 하기 위하여 하나님으로부터 잠시 버림을 당하셨습니다.

100

신자들은 그리스도의 지옥강하로부터 어떤 유익을 얻습니까?

첫째, 그리스도께서 모든 괴로움 중에서 우리를 위해 자기를 더욱 낮추실수록, 그분은 더욱 소중하게 우리의 구원을 위한 값을 지불하신 것이고, 우리는 하나님의 사랑과 예수 그리스도의 속죄에 대한 신뢰를 더욱 굳건히 하게 됩니다. 둘째는 첫째로부터 따라오는 유익인데, 곧 그리스도의 고난에서 확실하고 안전한 위로를 얻게 된다는 것입니다. 이것은 육체적으로 큰 고통 중에 있을 때에도 사실일 뿐만 아니라, 영혼과 양심에 최악의 괴로움이 있을 때에도 사실이며, 가장 혹독한 의심이라는 시험 앞에서도 사실입니다. 왜냐하면, 히브리서 4장과 요한복음 16장, 그리고 시편 39편 말씀처럼, 대제사장이요 중보자로서 평화와 안식을 누리게 할 수 있는 분인 그리스도로 말미암아 우리 양심의 자유를 회복하도록 하기 위해, 그리스도의 양심은 가장 심한 고통을 받았다는 사실을 알기 때문입니다.

"사흘 만에
죽은 자 가운데서
다시 살아나시며"

"사흘 만에 죽은 자 가운데서 다시 살아나시며"라는 그 다음 조항
에 대해서 설명해 주십시오.

나는 거룩하신 하나님과 예수 그리스도를 믿습니다. 왜냐하
면 그분은 모든 죄로부터 자유로우신 분이자, 우리의 죄를 친히 짊어
지시고 그 값을 완전히 치르신 분으로서, 사도행전 2장 말씀처럼 오
직 죄로 말미암아 세상에 들어온 죽음에 붙잡혀 있을 수는 없었기 때
문입니다. 그러므로 하나님이 미리 정하시고 예고하신 대로, 그리스
도는 사흘 만에 죽은 자 가운데서 불멸의 생명으로 다시 살아나셔서,
자신이 죄와 사망을 정복한 정복자라는 실제 사실을 친히 보이셨습
니다.

102

그리스도의 부활로부터 신자가 얻는 유익은 무엇입니까?

네 가지 유익이 있습니다. 첫째, 그리스도의 부활은 하나님이 우리를 우리의 모든 죄에서 나와서 죽은 자 가운데서 부활하실 때의 그리스도의 몸을 보시는 것처럼, 그분 보시기에 옳고 의롭다고 간주하신다는 사실을 우리에게 확실하게 증거합니다. 이것이 바울이 고린도전서 15장에서 가르치는 것입니다. "만일 그리스도가 다시 살지 못하셨으면 너희가 여전히 죄 가운데 있을 것이요." 이로부터 도출되는 결론은 그리스도께서 살아나셨기에 신자들은 더 이상 죄 중에 있지 않다는 것입니다. 이 말은 그들 속에 죄가 더 이상 없다는 것이 아니라, 죄 용서를 받고 그들에게 더 이상 죄가 전가되지 않는다는 뜻입니다. 그리스도께서는 자기 죄로 인하여 죽으신 것이 아니라 우리가 죽기 직전까지 짓는 모든 죄를 인하여 죽으시고, 우리의 그 모든 죄악에서 벗어나 다시 사셨습니다. 다시 말해, 우리의 모든 죄가 그분에게 지워졌고 그 죄들 하나하나가 완전하게 처벌되고 죗값이 지불되었다는 것입니다. 그렇지 않고는 그리스도께서 다시 살지 못하셨을 것입니다. 이는 로마서 6장 말씀처럼, 만약 죄가 하나라도 남아있다면 죄의 형벌인 사망 또한 남아있을 것이기 때문입니다. 이러한 가르침은 조금 전에 언급한 고린도전서 15장, 그리고 로마서 4장에서도 발견됩니다. "예수는 우리가 범죄한 것 때문에 내줌이 되고 또한 우리를 의롭다 하시기 위하여 살아나셨느니라."

둘째 유익은 무엇입니까?

우리의 머리이신 예수 그리스도의 능력으로 믿음을 주시는 성령을 통하여 기존의 삶으로부터 새로운 삶으로 부활하게 됩니다. 인류는 거룩하고 의로운 삶을 통하여 하나님을 영화롭게 하고 그분을 영원히 찬양하도록 하나님의 형상으로 창조되었습니다. 그러므로 그리스도께서는 고린도후서 4장과 빌립보서 2장과 골로새서 3장과 로마서 6장과 8장에 있는 것처럼, 우리로 하여금 이곳에서부터 하나님을 영화롭게 하고 찬양하기 시작하여 마침내 내생에서 완전이라는 목표에 도달하도록 하기 위해 성령의 능력으로 그분과 함께 우리를 부활시키십니다.

104

셋째 유익은 무엇입니까?

그리스도의 부활은 우리의 몸도 부활하여 영원한 생명에 들어갈 것임을 우리에게 보증합니다. 이는 고린도전서 6장 말씀처럼 우리의 영혼뿐만 아니라 우리의 몸도 그리스도의 지체이기 때문이며, 그 지체를 영원토록 썩는 악취 속에서 내버려두는 것은 그리스도의 몸에 불명예가 될 것이기 때문입니다. 따라서 로마서 6장과 8장 말씀처럼, 그리스도의 몸을 죽은 자 가운데서 다시 살리신 바로 그 성령께서 우리 몸에 거하시며 우리 몸을 죽은 자 가운데서 다시 살리실 것입니다. 빌립보서 3장과 고린도전서 15장 말씀처럼, 그들은 죄와 사망에 대한 완전한 승리와 완전한 의로움을 받으며, 광채와 함께 그리스도의 영화로운 몸과 같이 변화될 것입니다.

이제 마지막 넷째 유익을 알려주십시오.

그리스도께서 그분 자신과 우리를 위하여 우리의 대적이며 동시에 특히 그리스도의 대적이라고 할 수 있는 죄와 조롱과 수욕과 사망과 사탄의 권세에 대해 승리를 거두신 것을 확신하는 것이 넷째 유익입니다. 그러므로 우리는 모든 역경이 합력하여 예수 그리스도로 말미암아 이미 획득되어 값없이 주어진 승리의 기쁨과 즐거움을 방해하기는커녕 더하게 할 것을 굳게 확신하기에, 그 대적들이 이 세상에서 우리에게 가져다주는 그 어떠한 역경이라도 기쁜 마음으로 받아들이게 되는 것입니다. 고린도전서 15장 말씀입니다. "우리 주 예수 그리스도로 말미암아 우리에게 승리를 주시는 하나님께 감사하노니." 고린도후서 4장 말씀입니다. "우리가 항상 예수의 죽음을 몸에 짊어짐은 예수의 생명이 또한 우리 몸에 나타나게 하려 함이라." 요한일서 5장과 베드로전서 1장도 참고하십시오.

106

이 신앙조항에 대하여 답을 듣고 싶은 질문이 하나 더 있습니다. 그리스도께서 부활하시기 전에, 그분의 영혼이 수면 중이거나 그리스도의 몸과 함께 무덤에 머물러 있었던 것입니까?

아닙니다. 그분의 영혼은 무덤에 머물러 있지 않았고, 이 땅에서 배회하지도 않았습니다. 그분의 영혼은 몸에서 분리되자마자, 누가복음 23장에서 낙원이라고 부르는 곳, 즉 몸으로부터 분리된 신자들의 영혼이 기쁨과 행복 속에서 사는 장소로 이동하였습니다.

107

이 사실로부터 신자들은 어떤 위로를 받게 됩니까?

그것은 바로 우리의 영혼도 부활의 날까지 몸으로부터 분리되어 있으나, 그렇다고 썩거나 잠을 자는 것이 아니라, 그리스도와 함께 그리스도의 나라에서 행복하게 산다는 것입니다. 이는 사도 바울이 "세상을 떠나서 그리스도와 함께 있고 싶습니다"라고 말한 것과 그리스도와 함께 십자가에 달린 강도가 믿었을 때 "내가 진실로 네게 이르노니 오늘 네가 나와 함께 낙원에 있으리라"고 그리스도께서 엄숙하게 맹세하신 것과 같습니다. 이 말씀이 기록된 것은 강도의 유익을 위해 기록된 것은 아닙니다. 왜냐하면, 그는 복음서 기자들에 의하여 그 일이 기록되기 전인 그날 당일에 죽었기 때문입니다. 오히려 그것은 우리의 유익을 위하여 기록된 것인데, 우리로 하여금 우리의 영혼을 그분께 올려드리고 위탁하도록 하기 위함입니다. 베드로전서 2장 말씀입니다. "너희가 전에는 길을 잃었더니 이제는 너희 영혼의 목자와 감독되신 이에게 돌아왔느니라." 베드로전서 1장 4-5절, 골로새서 3장 3절도 참고하십시오.

"하늘에 오르사"

108

"하늘에 오르사"라고 고백할 때, 당신이 믿는 바는 무엇입니까?

신성으로 말할 것 같으면, 언제나 하늘에 계셨던 그리스도께서 그분에게 맡겨진 지상에서의 모든 일을 완성하시고 사십일 동안 제자들에게 그분의 부활의 실재성과 하나님 나라에 관하여 가르치신 후에 하늘로 올라가셨다는 것입니다. 그리스도는 우리의 몸과 본질적으로 같으며 동정녀 마리아에게서 취하신 십자가에 달려 죽으시고, 장사지낸 바 되시고, 부활하셔서 다시 죽을 수 없게 된 바로 그 실재하는 몸으로 승천하셨습니다. 바로 이 실재하는 그리스도의 몸이 그분의 실제 영혼과 더불어, 요한복음 14장 말씀처럼 모든 신자들이 이 땅의 삶을 마친 후에 거할 하늘로 올리우셨습니다.

109

이 승천이 실재적이라는 것을 성경으로부터 증명해 주십시오.

이 모든 이야기는 사도행전 1장에 아름답게 묘사되어 있습니다. 그리고 다른 성경에도 기록되어 있습니다. 누가복음 24장에서는 "그들을 떠나 하늘로 올리우시니"라고 했고, 요한복음 14장에서는 "떠나셨다"고 했으며, 요한복음 16장에서는 "세상을 떠나"라고 말씀하고, 사도행전 1장에는 "올리우셨다"고 말씀하며, 누가복음 24장은 "우리로부터"라고 하면서, 히브리서 9장에서는 "손으로 만들지 않은 하늘에 있는 성소에 들어가셨다"고 합니다. 이는 히브리서 10장 말씀처럼, 그분께서 "영원히 하나님 존전에 계시기" 위함입니다. 또한 사도행전 3장도 "하나님이 영원 전부터 거룩한 선지자들의 입을 통하여 말씀하신바 만물을 회복하실 때까지는 하늘이 마땅히 그를 받아두리라"고 말씀합니다.

110

만약 그리스도께서 실제로 승천하셨다면, 그분은 "볼지어다 내가 세상 끝날까지 너희와 항상 함께 있으리라"고 하신 약속을 어떻게 성취하실 수 있습니까?

의심의 여지없이, 사람이신 예수 그리스도는 언젠가 저리로서 다시 오실 바로 그 장소에 계십니다. "다시 살아나시어 하늘에 오르사 하나님 보좌 우편에 앉아 계시다가 저리로서 산 자와 죽은 자를 심판하러 오시리라"고 한 신앙고백을 마음에 새기고 굳게 붙잡으십시오. 천사의 음성이 증언했던 대로, 그분은 하늘에 올라간 그대로 다시 오실 것이니, 즉 그 고유한 특성이 없어지지는 않지만 다시 죽지는 않는 육체의 본질과 형체 그대로 다시 오실 것입니다. 그런데 이러한 형체 상으로 그리스도가 편재하시다고 생각해서는 안 됩니다. 사람이신 그리스도의 신성을 보존하려고 하다가 그 몸의 실재성을 없애지 않도록 우리는 조심해야만 합니다. 하나님께서 편재하시다고 해서 하나님의 안에 있는 것도 편재하다고 볼 수는 없는 것입니다. 이는 성경이 우리를 일컬어 "우리가 그 안에 살며 기동하며 존재하느니라"고 하지만, 그렇다고 우리가 하나님처럼 편재하지 않는 것과 같습니다. 하지만 사람이신 예수는 매우 다른 방식으로 하나님 안에 계시며, 하나님도 그분의 안에 매우 다른 방식, 즉 특별하고 독특한 방식으로 계십니다. 이는 그분 안에 하나님되심과 사람되심이 한 인격 안에 있어서 신성과 인성이 함께 하나의 예수 그리스도를 이루면서, 하나님이라는 면에서는 편재하시고, 사람이라는 면에서는 하늘에만 계시기 때문입니다. 이것이야말로 기독교 신앙조항을 있는 그대로 이해한 기독교회의 신앙고백입니다. 요한복음 14장과 16장, 그리고 마태복음 16장과 28장도 참고하십시오.

111

그렇다면 그리스도의 몸이 보이지 않게 이 땅 곳곳에 계시는 것이
아니라는 말씀입니까?

그렇습니다. 왜냐하면 "하늘에 오르사"라는 조항에 배치되기
때문입니다. 그리스도는 신앙조항에 대항하는 거짓주장을 예견하시
고, 그에 관해 마태복음 24장에서 경고하시며, 그런 주장을 믿지 말
라고 명령하셨습니다. "그때에 사람이 너희에게 말하되 보라 그리스
도가 여기 있다 혹은 저기 있다 하여도 믿지 말라 거짓 그리스도들과
거짓 선지자들이 일어나 큰 표적과 기사를 보여 할 수만 있으면 택하
신 자들도 미혹하리라 보라 내가 너희에게 미리 말하였노라 그러면
사람들이 너희에게 말하되 보라 그리스도가 광야에 있다 하여도 나
가지 말고 보라 골방에 있다 하여도 믿지 말라 번개가 동편에서 나서
서편까지 번쩍임 같이 인자의 임함도 그러하리라 주검이 있는 곳에
는 독수리들이 모일 것이니라."

하나님은 또한 선지자 다니엘을 통하여 적그리스도의 끔찍한
우상숭배와 위선에 대하여 경고하셨습니다. 적그리스도인 교황에 대
하여 다니엘 11장은 "그 대신에(즉, 하나님 자리에 앉아서) 강한 신(권세의
신)을 공경할 것이요 또 그의 조상들이 알지 못하던 신에게 금은보석
과 보물을 드려 공경할 것"이라고 기록합니다.

112

만약 그리스도의 인성이, 신성이 있는 곳마다 있는 것이 아니라면,
그리스도의 두 성질이 서로 분리되는 것이 아닙니까?

전혀 아닙니다. 그리스도가 동정녀의 태에 작은 아이의 몸으로 제한되어 있을 때에도, 그분의 신성은 하늘과 땅조차도 감당할 수 없었지만, 그래도 그분의 인격은 나누어진 것이 아니었습니다. 마찬가지로, 그리스도의 몸은 하늘에 있으면서도 그분의 신성은 몸 안에 있을 뿐만 아니라, 몸을 넘어 하늘과 땅에도 공히 있기 때문에, 그분의 신성과 인성이 나누어질 일은 없습니다. 신성은 제한되지 않고 어디에나 있기 때문에, 그리스도의 신성이 확실히 그분이 취하신 인성의 경계를 넘는다는 것은 분명합니다. 물론 동시에 골로새서 2장 말씀처럼, 이러한 단일하고 온전한 신성은 그분의 인성 안에 있고, 위격적으로 그분의 인성과 연합된 상태를 유지합니다.

113

그리스도의 몸이 하늘에 있으며 이 땅의 모든 장소에 계신 것은 아니라는 사실이 그리스도의 편재를 과소평가하도록 하지 않습니까?

복음서의 기록이 보여주듯이 그리스도는 몸으로는 한 번에 한 곳 이상 존재하지 않으시지만, 그래도 계속해서 편재하신 분이십니다. 또한 그리스도의 몸이 길거리에 서서 복음을 전하는 동안, 그 몸 혹은 또 다른 몸이 다른 길거리에서 복음을 전했다거나, 한 몸은 예루살렘에 있으면서 동시에 다른 몸은 베들레헴에 있다든지 하는 기록을 어디서도 찾을 수 없습니다. 추수할 것은 많고 일꾼은 적기에 그리스도의 몸이 모든 곳에서 복음을 전하기를 바랄만한 상황이었는데도 이러한 기록은 없고, 요한복음 11장에서 그리스도께서 친히 하신 말씀에서 오히려 정반대의 기록만 발견하게 됩니다. "나사로가 죽을 때 내가 거기 있지 아니한 것을 너희를 위하여 기뻐하노니 이는 너희로 믿게 하려 함이라." 그리스도께서 12세의 나이로 성전에서 가르치셨을 때에도, 성전에서 이야기를 나누던 그분의 몸은 부모와 함께 노중에 있지 않았고 성전에만 있었습니다. 그리스도께서 가나의 혼인잔치에서 자기 영광을 나타내셨을 때에도 그분의 몸은 여타 다른 곳에서 복음을 전한 것이 아니라 혼인잔치에 있었습니다. 마찬가지로, 산 위에서 용모가 변화되셨을 때, 그분은 보이지 않게 다른 제자들과 함께 있지 않았습니다. 그리고 그리스도께서 마태복음

8장에서 "주여 내 집에 들어오심을 나는 감당하지 못하겠사오니"라고 말했던 그 백부장의 종을 고치셨을 때, 그분의 몸은 계시던 곳에 계속 계셨고 그 환자의 침상으로 가시지 않았습니다. 복음서 저자가 증언하듯이 그리스도는 그 환자에게 가시지 않고 다만 백부장과 계속 서서 말씀하셨는데, 그런데도 그리스도는 자기 능력과 은혜의 역사로 말미암아 환자의 침상을 꿰뚫고 그를 고치셨습니다. 그리고 그리스도는 이스라엘에서도 이와 같은 믿음은 만나보지 못하였다고 증거하시면서, 그리스도가 몸으로 오시기를 요구하지 않았던 백부장의 믿음을 칭찬하셨습니다. 마치 그리스도께서 ("만일 그가 하나님 아들이거든 십자가에서 내려오라 그러면 믿겠노라"고 말하던 무리들로 하여금 믿도록 하기 위해) 십자가에서 내려오는 방식으로 자기의 편재를 보여주는 길을 선택하지 않으셨던 것처럼, 그리스도는 하늘에서 내려와 수천의 사제들의 손가락에 들어옴으로써 사람들이 사제의 손가락을 통해 그분을 믿도록 하는 방식으로 자기의 편재를 나타내기를 선택하지 않으셨습니다.

왜 그렇습니까? 그것은 그리스도께서 십자가에서 죽으심으로써 십자가 희생이라는 자기 제사장직의 첫 번째 부분을 성취하시는 것이라는 말이 신앙조항에 있을 뿐 아니라, 그분이 하늘에 오르셔서 제사장직의 또 다른 부분인 하늘의 하나님 보좌 앞에 우리를 위하여 나타나시는 일을 수행하신다는 말도 신앙조항에 있기 때문입니다. 성경은 그리스도의 완성된 제사에 대하여 히브리서 8장에서 "그리스도께서 땅에 계셨더라면 제사장이 되지 않으셨을 것"이라고 언급합니다. 그러므로 그리스도는 자기의 전능함을 예로부터 있었던 참된 기독교 신앙의 조항들을 폐하는데 쓰지 않으시고, 자신의 전능하심을 자기들의 우상숭배와 외식을 뒷받침하는 일에 남용하려고 하는 이들을 벌하시는 일에 쓰실 것입니다. 비록 그리스도가 산 자와 죽은 자를 심판하실 때까지는 하늘에서 몸으로 돌아오시지 않으시지만, 그래도 그리스도는 그분의 전능하심으로 그가 목적하신 모든 일들을 성취하십니다.

114

그리스도의 승천에서 우리가 얻는 유익은 무엇입니까?

세 가지 유익이 있습니다. 첫째, 그리스도는 우리의 모든 죄에 대한 처벌을 담당하고 그 죄의 대가를 치른 바로 그 몸과 영혼으로 성부 하나님 앞에 서셔서, 그리스도의 몸과 영혼으로 성취하신 희생제사를 힘입어 우리의 죄로 인한 성부 하나님의 진노를 돌이키도록 합니다. 그래서 그분은 성부 하나님 앞에서 우리의 대변인이신데, 이는 히브리서 9장 24절에 기록된 것과 같습니다. "그리스도께서는 참 것의 그림자인 손으로 만든 성소에 들어가지 아니하시고 바로 그 하늘에 들어가사 이제 우리를 위하여 하나님 앞에 나타나시고." 요한일서 2장과 로마서 8장도 참고하십시오. 만약 우리의 모든 죄가 그분께 지워져 씻김을 받고 그분의 몸과 영혼에서 그 죄의 값이 지불되지 않았더라면, 그리스도의 몸과 영혼은 우리를 위해 히브리서 7장 26절처럼 죄가 있을 수 없는 하나님의 거룩한 보좌 앞에 나타날 수 없었을 것입니다.

둘째 유익은 무엇입니까?

그리스도가 형제들을 대표하여 천국의 유업을 차지하신 것은 우리로 하여금 천국에서 그분의 육체를 우리의 육체로 가지도록 하기 위한 것으로서, 우리 머리이신 그리스도가 그의 지체된 우리들을 그분이 계신 천국으로 데려오시겠다는 보증인 것입니다. 이는 요한복음 14장에서 그분이 약속하신 것과 같습니다. "내 아버지 집에 거할 곳이 많도다 그렇지 않으면 너희에게 일렀으리라 내가 너희를 위하여 거처를 예비하러 가노니 가서 너희를 위하여 거처를 예비하면 내가 다시 와서 너희를 내게로 영접하여 나 있는 곳에 너희도 있게 하리라." 요한복음 17장도 참고하십시오. "아버지여 내게 주신 자도 나 있는 곳에 나와 함께 있어 아버지께서 창세전부터 나를 사랑하시므로 내게 주신 나의 영광을 그들로 보게 하시기를 원하옵나이다."

셋째 유익은 무엇입니까?

그리스도가 우리로부터 취하신 혈과 육을 가지고 승천하셨다는 것은 우리도 하늘로 올라갈 것을 보증하는 것입니다. 그뿐만 아니라, 그리스도는 성부 하나님에게서 성령을 받아서 우리에게 보증으로 보내주셨습니다. 이는 성령 하나님이 우리의 몸과 영혼에 내주하셔서 하늘에 계신 우리의 머리 그리스도와 땅에 있는 그분의 지체인 우리 사이에 끊을 수 없는 끈이 되시며, 마치 보증금과도 같이 우리가 천국을 영원한 기업으로 받는 일에 대한 확신을 우리에게 주시도록 하기 위한 것입니다. 이에 대해 요한복음 14장은 "내가 아버지께 구하겠으니 그가 또 다른 보혜사를 너희에게 주사 영원토록 너희와 함께 있게 하리니"라고 말씀합니다. 요한복음 16장도 "그러나 내가 너희에게 실상을 말하노니 내가 떠나가는 것이 너희에게 유익이라 내가 떠나가지 아니하면 보혜사가 너희에게로 오시지 아니할 것이요 가면 내가 그를 너희에게로 보내리니"라고 말씀합니다. 사도행전 2장과 고린도후서 1장과 6장, 에베소서 1장과 로마서 5장 및 8장도 참고하십시오. 거룩한 사도가 에베소서 2장에서 "함께 일으키사 그리스도 예수 안에서 함께 하늘에 앉히시니"라고 말씀하듯이, 성령께서는 신자들에게 이 사실을 매우 강하게 확신시킵니다. 그렇게 하여 그들이 단순히 소망으로 하늘을 기다릴 뿐만 아니라, 우리의 머리이신 그리스도 안에서 이미 그것을 소유한 이들이 되도록 하십니다. 이것이 바로 골로새서 3장과 빌립보서 3장 말씀처럼, 이 동일한 성령의 능력으로 말미암아 우리가 땅의 것들로부터 마음을 떼어놓고 "그리스도께서 하나님 우편에 앉아 계시는 곳인 위의 것"을 찾는 이유가 됩니다.

"전능하신 하나님
보좌 우편에
앉아 계시다가"

그 다음 말씀, "하나님 보좌 우편에 앉아 계시다가"는 왜 있는 것입니까?

왕실의 관례상 왕이 등용하여 영토를 다스리도록 할 사람을 왕의 우편에 두는데, 이에 빗댄 표현법을 통하여 그리스도의 승천의 주된 목적과 목표를 명확하게 하신 것입니다. 우리는 승천하신 그리스도의 인성이 하늘에서 천사들처럼 영원히 복된 상태에 계시다는 사실을 믿습니다. 그뿐만 아니라, 에베소서 1장과 골로새서 1장 말씀대로 그분이 스스로를 하나님의 오른편에 두심으로써 그분이 천사들과 복 받은 사람들을 다스리는 왕이요 기독교회의 왕이시며 성부께서 그를 통하여 모든 것을 다스리신다는 사실을 하나님의 보좌에서 보여주셨음을 믿습니다.

우리의 머리이신 그리스도의 이러한 영광이 우리에게 어떻게 유익을 줍니까?

첫째, 에베소서 4장에서 말씀하는 것처럼, 성령을 통하여 그리스도께서는 그의 지체가 된 우리에게 하늘로부터 풍성한 은사들을 부어주십니다. 둘째, 에베소서 1장에서 말씀하는 것처럼, 우리의 길에 놓여있는 전 세계의 모든 장애물들은 우리를 해하지 못하도록 그분의 발아래 놓인 바가 되었습니다. 모든 왕과 왕자와 주권자들의 생각과 계획은 그리스도의 능력에 의하여 시작되거나 시행되거나 전복되는 것이기에, 그리스도는 통치자들이 그분의 영광을 위하여 봉사하고 신자들의 구원에 봉사하도록 하는 방식으로 다스리십니다. 에베소서 1장 말씀처럼, 성부 하나님은 그리스도를 "하늘에서 자기의 오른편에 앉히사 모든 통치와 권세와 능력과 주권과 이 세상뿐 아니라 오는 세상에 일컫는 모든 이름 위에 뛰어나게 하시고 또 만물을 그의 발아래에 복종하게 하시고 그를 만물 위에 교회의 머리로 삼으셨느니라 교회는 그의 몸이니 만물 안에서 만물을 충만하게 하시는 이의 충만함이니라." 그러므로 하늘에서 성부 하나님의 우편에 앉으신 주 예수 그리스도의 허락이 없이는 마귀의 손이나 혹은 그 어떤 피조물도 신자들에게 어떤 일도 행할 수 없습니다. 그리스도가 고난을 당하시고, 다시 살아나시고, 승천하셔서 전능자의 우편에 앉으시기 전에도, 욥기 1장 말씀처럼 마귀가 그리스도께 허락을 구해야 했고, 마가복음 1장과 누가복음 4장에서 처량하게 "때가 이르기 전에 우리를 괴롭게 하려고 오셨나이까"라고 소리쳐야만 했습니다. 그렇다면, 그리스도께서 죽으셔서 골로새서 2장 말씀처럼 십자가로 승리하시고 승천하셔서 성부 하나님의 우편에 앉으셔서 마귀의 권세를 제거하신 이후에는 더욱 그러합니다. 이 모든 것은 베드로전서 3장 22절과 사도행전 2장 23-24절 말씀대로, 그 왕좌에서 철장으로 대적을 파쇄하며 다스리며 성령으로 말미암아 신자들에게 은사를 풍성하게 부어주시는 그분의 능력을 보이시기 위한 것입니다.

"저리로서
산 자와 죽은 자를
심판하러 오시리라"

그 다음 조항, "저리로서 산 자와 죽은 자를 심판하러 오시리라"는
왜 있는 것입니까?

우리 신앙을 한층 더 격려하기 위해 있는 것입니다. 그리스도
는 하늘에서 하나님 우편에 앉으사 왕의 권세를 발휘하시며, 무엇보
다도 그분의 백성을 보호하시기 위해 심판하시는 것입니다. 그분은
항상 그들을 십자가 밑에 두셔서 대적의 각종 광기와 그들 안에 남아
있는 죄를 제어하도록 하십니다.

둘째로, 그리스도는 경건하지 않은 이들을 이기시고 그들을
벌하시기 위하여 그렇게 하십니다. 다만 그분의 인내와 오래 참으심
을 보이시기 위해 금생에서는 죄를 처벌하지 않고 놓아두시는 경우
도 많습니다. 그리스도는 우리의 유익을 위해 우리를 십자가 밑에 두
시는데, 이는 남아있는 비참함 속에서, 그리고 금생에서 우리가 죄에
대하여 죽도록 하시려고 그렇게 하시는 것입니다. 그리하여 우리가
지치지 않고, 경건하지 않은 이들이 가하는 위협과 모욕을 지나치게
두려워하지 않고, 우리의 머리와 마음을 들어 그분의 복된 재림을 기
대하기를 원하십니다. 그분은 경건하지 못한 이들이 신자들에 대항
하여 세력을 영원히 행사하도록 허용하지는 않으실 것이며, 그들이
전혀 생각지 못했을 때 그들에게 보수하시고 자기 백성을 완전히 구
하실 것입니다. 그분은 이사야 35장 말씀처럼 성도들의 눈에서 모든

눈물을 닦아주실 것입니다. 이는 "너희가 열심히 선을 행하면 누가 너희를 해하리요 그러나 의를 위하여 고난을 받으면 복 있는 자니 그들이 두려워하는 것을 두려워하지 말며 근심하지 말고 너희 마음에 그리스도를 주로 삼아 거룩하게 하고"라는 베드로전서 3장 말씀과도 같습니다. 이사야 8장도 참고하십시오. "그들이 두려워하는 것을 너희는 두려워하지 말며 놀라지 말고 만군의 여호와 그를 너희가 거룩하다 하고 그를 너희가 두려워하며 무서워할 자로 삼으라 그가 성소가 되시리라."

120

사도 베드로는 말세에 기롱하는 이들이 나타나리라고 가르쳐주는데, 그렇다면 최후의 심판이 있어야만 한다는 것을 입증할 수 있겠습니까?

최후의 심판이 있어야만 한다는 것은 특별히 두 가지 근거를 들어 입증할 수 있습니다. 첫째 근거는 사도 바울이 데살로니가후서 1장에서 언급한 하나님의 의로우심입니다. "이는 하나님의 공의로운 심판의 표요 너희로 하여금 하나님의 나라에 합당한 자로 여김을 받게 하려 함이니 그 나라를 위하여 너희가 또한 고난을 받느니라 너희로 환난을 받게 하는 자들에게는 환난으로 갚으시고 환난을 받는 너희에게는 우리와 함께 안식으로 갚으시는 것이 하나님의 공의시니 주 예수께서 자기의 능력의 천사들과 함께…"라는 말로 사도 바울은 하나님의 불변하는 의로우심에 기초하여 가르치고 있습니다. 6절에서 바울이 "하나님의 공의시니"라고 하는 말을 보십시오. 하나님의 공의는 바울이 명시적으로 말하는 것처럼 경건한 사람에게는 안식을 주시고, 경건한 사람을 박해하는 경건하지 못한 사람에게는 벌을 받아야 할 것을 요구합니다. 이는 경험상 대부분의 경우, 경건한 사람들은 금생에서 어려움을 당하는 반면, 경건한 사람들을 압제하는 경건하지 못한 사람들은 대체로 잘되기 때문입니다. 바울의 표현처럼, 이것은 경건한 이들이 살아나고 경건하지 않은 이들이 마땅한 형벌을 받는 약속을 이루신 후에 반드시 따라올 "하나님의 공의로운 심판의 표"입니다. 만일 그렇게 되지 않는다면, 하나님은 자신의 의로움을 부인하셔야 하는데, 그런 일은 불가능하기 때문입니다.

또 다른 근거는 누가복음 21장이 다루는 예루살렘 멸망에 대한 단락에서 나옵니다. 주 그리스도께서는 예루살렘의 멸망과 최후의 심판에 대해 공히 예언하시며 그 둘을 연결시킵니다. 그럼으로써, 전자가 후자의 나타난 증거가 되어야만 하며, 또한 최후의 심판 때에 불신자들에게 가해질 하나님의 끔찍한 진노의 예표임을 보여주려고 하셨습니다. 비록 주님께서 참으시는 동안에는 미래 일이 되겠지만, 예루살렘 멸망에 관한 예언이 확실히 성취되었던 만큼, 최후의 심판에 관한 예언도 성취될 것입니다. 구약에서 그리스도를 통한 마귀의 권세로부터의 영원한 구속을 예표하는 사건이라고 할 수 있는, 애굽에서 구속해내신 사건에서 보이신 자비하심에 대해 주님이 종종 상기시켰던 것처럼, 예루살렘의 멸망과 유대인들의 흩어짐은 최후 심판 때에 나타날 하나님의 진노의 예표입니다. 오늘날 하나님의 백성들은 그것을 자주 상기하며 마음에 굳게 붙들어야 할 사건입니다. 그렇게 함으로써 그들은 주의 날을 위해 참 믿음과 회심으로 그들 자신을 준비시킬 수 있습니다.

"저리로서 산 자와 죽은 자를 심판하러 오시리라"고 한 조항의 의미에 대해 설명해 주십시오.

모든 괴로움과 박해와 전쟁의 소문 속에서도 눈을 하늘로 향하고 마음은 평안한 상태에서 위대한 하나님이요 구세주이신 예수 그리스도의 오심을 믿고 기다린다는 의미입니다. 우리의 구원을 위해 그분이 초림하셨던 것처럼, 로마서 5장에 "그러면 이제 우리가 그의 피로 말미암아 의롭다 하심을 받았으니 더욱 그로 말미암아 진노하심에서 구원을 받을 것이니 곧 우리가 원수되었을 때에 그의 아들의 죽으심으로 말미암아 하나님과 화목하게 되었은즉 화목하게 된 자로서는 더욱 그의 살아나심으로 말미암아 구원을 받을 것이니라"라고 기록된 대로, 그분이 다시 오셔서 자신이 획득하신 구원의 완전한 열매와 기쁨을 우리에게 나누어주실 것을 완전히 확신한다는 것입니다.

122

그렇다면 이 조항은 무서움을 주기보다는 오히려 위로를 주는 조항입니까?

　　모든 신앙조항들은 우리의 위로를 위해 작성된 것이므로, 이것 역시 분명히 우리를 괴롭게 하려는 것이 아니라, 도리어 우리를 위로하고 우리에게 기쁨을 주기 위한 것입니다. 둘째로, 그리스도께서도 누가복음 21장에서 그분의 재림을 기뻐하라고 우리에게 명령하십니다. "크게 기뻐하며 머리를 들라 너희 속량이 가까웠느니라." 그리스도가 재림을 통해 우리에게 지고한 기쁨을 주시는 것을 원하신다면, 우리가 그것을 슬픈 일로 바꾸어놓는 것이 어떻게 합당한 일이 되겠습니까? 셋째, 성부 하나님 역시 요한복음 5장 말씀처럼 성자에게 모든 심판을 맡기시고, 인자됨을 인하여 심판하는 권세를 주신 것은 우리의 양심으로 하여금 평안을 누리게 하기 위함이었습니다. 이는 심판의 전권을 가지신 바로 그분께서 하나님의 재판정에서 죄인된 우리의 입장을 취하셔서 하나님이 부여하신 극심한 형벌의 값을 우리를 위해 고난과 죽음으로 완전히 지불하시고 요한복음 3장에서 "믿는 자는 심판에 이르지 않는다"고 약속하셨음을 우리가 알기 때문입니다. 그리스도의 지체들로서 그분과 함께 심판할 신자들은 그리스도를 도와서 불충한 천사들과 세상을 향하여 판결을 내릴 것입니다. 이는 사도 바울이 고린도전서 6장에서 "성도가 세상을 판단할 줄 너희가 알지 못하느냐… 우리가 천사를 판단할 줄을 너희가 알지 못하느냐"라고 말한 것과 같습니다.

그리스도의 명령대로 그분의 재림을 정말로 기뻐하기 위해 해야
할 일이 무엇입니까?

첫째, 신앙의 토대를 굳건히 가져야 합니다. 둘째, 신앙을 발
휘하여 참 믿음의 열매를 맺도록 해야 합니다. 하지만 신앙의 토대라
는 것은, 그 토대의 어떤 부분도 우리의 공로가 될 수 없는 것입니다.
오직 예수 그리스도만이 그 토대이시며, 우리를 위해 그분 자신을 주
신 것입니다. 예수 그리스도는 우리로 정죄의 심판을 절대로 경험하
지 않게 하려고, 하나님 앞에서 우리를 대신하여 본디오 빌라도의 재
판정에 서서 판결을 받으셨습니다. 그분은 우리가 받을 저주를 전부
없애시고 하나님으로부터 저주받은 십자가에서의 죽음으로 그 저주
를 그분 자신이 담당하셨습니다. 이것은 "저주를 받은 자들아 나를
떠나 영원한 불에 들어가라"는 끔찍한 말씀을 우리에게 절대로 듣게
하지 않기 위한 것이었습니다. 우리는 성부 하나님의 영원한 복으로
채워질 수 있고, 당시 태어나지도 않았던 우리들에 의해서가 아니라
그리스도에 의해 창세전부터 예비된 하나님 나라의 상속자가 될 수
있습니다. 사도 바울이 고린도전서 3장에서 말하듯이 이것만이 우리
의 토대입니다. "이 터 외에 다른 터를 닦아둘 자가 없으니 이 터는
곧 그리스도라." 우리의 죄의 대가가 모두 지불되고 탕감된 것과 영
원한 복이 거룩한 복음 곧 진리의 말씀을 통하여 은혜로 말미암아 값

없이 획득되고 우리에게 주어진 것은 그리스도의 몸으로 인한 것입니다. 이 토대가 있고, 우리의 눈으로 그리스도의 몸을 볼 것이기에, 우리 구세주 예수 그리스도의 재림에 대한 사랑과 갈망이 있는 것입니다.

둘째, 우리가 마음속에 믿음으로 말미암아 그리스도의 복을 받은 어린양 중 하나가 되었다는 것, 즉 "금이나 은같이 없어질 것으로 한 것이 아니요 오직 그리스도의 보배로운 피"로 구속을 받은 사람이 되었다는 것을 확신함으로써, 그리스도가 성령으로 말미암아 그분의 어린양을 식별하는 표를 가지려는, 즉 믿음을 여러 모양으로 발휘하고 믿음의 열매를 맺으려는 열망을 갖게 됩니다. 예를 들면, 주리고 목마른 그리스도의 지체에게 음식과 마실 것을 줌으로써 그리스도께 음식과 마실 것을 드리는 것, 나그네에게 묵을 곳을 줌으로써 그리스도께 숙소를 제공하는 것, 그리스도의 벌거벗은 지체를 입힘으로써 그리스도를 옷 입히는 것, 몸이 아픈 지체들을 방문함으로써 그리스도를 방문하는 것, 옥에 갇힌 지체들을 방문하고 돕고 그들에게 쓸 돈을 줌으로써 그분을 접대하는 것입니다. "모든 이에게 선한 일을 하되 특히 믿음의 가정들에게 함으로써" 이 열망을 실현하게 되는 것입니다. 하지만 그러한 방식으로 우리의 지위를 위한 공적을 쌓는다고 생각해서는 안 됩니다. 그리스도께만 공로가 있으며 은혜로 말미암아 값없이 그 공로를 우리에게 주시는 것입니다. 앞에서 본 마태복음 25장은 이 토대와 공로가 그리스도께만 존재한다고 증거하는데, 이에 대해 그리스도는 세 가지 근거를 제시하십니다.

첫째 근거는 "내 아버지께 복 받을 자들이여 나아와"라고 말씀하시는 것인데, 우리가 스스로 복을 받을 수가 없고, 에베소서 1장이 지적하듯이 우리의 공로로 하나님의 자녀가 될 수 없기에, 이는 갈라디아서 3장과 고린도전서 1장에 따라 우리를 위하여 저주가 되신 그리스도로 말미암아 받는 복입니다.

둘째 근거는 그분이 "상속 받으라"고 말씀하시는 것입니다. 상속이라는 것도 역시 갈라디아서 3장 18절 말씀처럼, 행위의 공로로 말미암은 것이 아니라, 은혜로 말미암아 약속을 통해 값없이 주어지는 것입니다.

셋째 근거는 "창세로부터 너희를 위하여 예비된 나라"라고 하시는 것입니다. 에베소서 1장 4-7절과 11절, 로마서 9장 11-12절과 16절, 에베소서 2장 1절과 5절에 있는 대로, 우리는 창세로부터 존재한 것이 아니기에, 우리의 공로로 그것을 예비할 수가 없습니다. 선행에 열심을 내야만 하는 이유는 내가 주 하나님을 경외한다는 사실과 내가 거짓된 믿음이 아닌 참 믿음을 가졌음을 나타내기 위함입니다. 그러한 믿음은 갈라디아서 3장이 말씀하는 것처럼, 하늘 아버지께서 은혜로 말미암아 아브라함의 복된 씨 안에서 값없는 은사로 우리에게 주신 하늘 아버지의 복을 인해 주님께 드리는 감사를 통해 스스로를 드러냅니다. 믿음으로 우리는 하나님께서 자연적 상속자인 그리스도에게뿐만 아니라 우리에게도 은혜로 주신 그 상속에 감사하게 됩니다. 또한, 우리가 태어나기도 전에 우리의 어떤 공로도 없이 그분이 그리스도 안에서 우리를 위해 창세로부터 예비하신 하나님 나라로 인하여 감사하게 됩니다. 우리가 그리스도께 자선을 베풀 필요가 없기 때문에, 그분은 우리에게 환난과 괴로움 가운데 있는 모든 이들을 맡기셨습니다. 은이나 금으로 값을 주고 어린양을 사서 인을 쳤을 때, 어린양이 주인에게 복속되는 이유는 인을 쳤기 때문이 아니라 값을 주고 샀기 때문인 것처럼, 그리스도의 피 흘리심, 즉 그분의 고난과 죽으심만이 그분의 어린양인 우리들을 위한 토대요 완전한 값의 지불인 것입니다. 이는 그리스도께서 친히 요한복음 10장에서 "나는 양들을 위하여 목숨을 버리노라"고 하신 것과 같으며, 베드로전서 1장과 고린도전서 6장도 유사한 말씀을 합니다. 사도행전 10장 말씀처럼, 그리스도께서 값을 지불하신 것 외에는, 하늘에서건 땅에서건 그 어떤 값 지불도 없는 것입니다. 이것은 사도 바울이 로마서 4장에서 "그러므로 상속자가 되는 그것이 은혜에 속하기 위하여 믿음으로 되나니 이는 그 약속을 그 모든 후손에게 굳게 하려 하심이라"고 말한 것과 같습니다.

　　그렇지 않고 그 약속이 우리의 공로에 달린 일이라면, 우리는 그 일이 과연 이루어질 수 있을지를 항상 의심할 수밖에 없을 것입니다. 하지만 베드로후서 3장 12-14절, 데살로니가전서 4장 14절과 17절, 5장 4-6절, 8-10절, 그리고 누가복음 12장 37절 말씀대로, 그리스도께서는 자기 어린양들을 상당한 값으로 사신 후에, 그들에게 목자이신 그리스도만을 믿게 하시며 참된 감사를 불러일으키시는 성령으로 "인을 치셨습니다." 은혜로 말미암아 하나님은 우리에게 감사의 상을 주시는데, 이는 우리가 이미 그리스도로 말미암아 그의 자녀가 되었고 그리스도는 은혜롭게 우리의 죄를 용서하셨기 때문입니다. 하나님은 모든 소유를 상속할 그분의 자녀들에게 은혜롭고 풍성하게 은사를 주시는 아버지와 같으십니다. 그 은사는 비교의 범주를 넘어서는 것으로서, 자녀의 순종이 공로가 되어 주시는 것이 아닙니다.

124

이 조항으로부터 파생되는 유익들을 명확하게 순서대로 요약해 주십시오.

이 조항은 위로를 주는 것으로서 유익할 뿐만 아니라, 경고로서 유익하기도 합니다. 먼저 우리는 심판주의 위격으로 인해 위로를 받는데, 왜냐하면 심판주의 몸과 영혼의 연합으로 우리의 저주가 제거되었고, 복이 획득되었기 때문입니다.

둘째, 심판주의 재림으로 말미암아 기뻐하라고 하신 누가복음 21장의 심판주의 명령으로 인해 위로를 받습니다. 그리스도께서 마태복음 24장에서 "난리와 난리 소문을 듣겠으나 두려워하지 말라"고 말씀하시는 것을 보십시오.

셋째, 우리는 "내 말을 듣고 또 나 보내신 이를 믿는 자는 영생을 얻었고 심판(정죄)에 이르지 아니하나니 사망에서 생명으로 옮겼느니라"고 말씀하신 그리스도의 약속으로 인해 위로를 얻습니다. 신자들이 이스라엘 열두 지파를 심판하리라고 말씀하는 누가복음 22장도 참고하십시오. 고린도전서 6장의 경우, 신자들이 세상과 천사들을 심판할 것이라고 말씀합니다. 데살로니가전서 4장도 "구름 속으로 끌어 올려 공중에서 주를 영접하게 하시리니 그리하여 우리가 항상 주와 함께 있으리라"고 말씀합니다. 데살로니가전서 5장도 "하나님이 우리를 세우심은 노하심에 이르게 하심이 아니요 오직 우리 주 예수 그리스도로 말미암아 구원을 받게 하심이라 예수께서 우리를 위하여 죽으사 우리로 하여금 깨어 있든지 자든지 자기와 함께 살게 하려 하셨느니라"고 말씀합니다. 바로 이러한 이유 때문에 성경은 이날을 구속의 날이라고 부르는 것입니다. 로마서 8장 19절, 23절, 26절의 말씀대로, 비록 우리가 그리스도의 고난으로 인해 우리의 몸과 영혼이 구속을 받았을 때로부터 그분의 것이 되어 성령의 처음 익은 열매를 받았지만, 그래도 여전히 우리 안에 머무르는 많은 죄들, 그리고 육체적 사망을 포함한 환난들이 있어 우리의 구원을 완전히 누리지 못하도록 합니다.

넷째, 우리는 경건하지 않은 이들을 벌하시는 것이 그리스도의 재림의 제일 되는 목적이 아니라, 그리스도의 교회와 신자들을 남아있는 죄로부터, 그리고 그 남은 죄로 인하여 그들을 짓누르는 십자가와 환난으로부터 구해내는 것이 그리스도의 재림의 제일 되는 목적이라는 사실로 인하여 위로를 받습니다. 그리스도의 재림의 또 다른 이유는, 그리스도가 그분의 교회인 모든 신자들을 그리스도의 신부로 데려가서 그들을 영원한 영광과 광채로 장식해주시기 위한 것입니다. 에베소서 5장 말씀처럼, "그리스도는 교회를 사랑하시고 그 교회를 위하여 자신을 주셨으니 이는 교회를 물로 씻어 말씀으로 깨끗하게 하사 거룩하게 하시고 자기 앞에 영광스러운 교회로 세우사 티나 주름 잡힌 것이나 이런 것들이 없이 거룩하고 흠이 없게 하려 하심"입니다. 29절부터 32절까지도 참고하십시오. 마찬가지로 요한일서 3장은 "사랑하는 자들아 우리가 지금은 하나님의 자녀라 장래에 어떻게 될지는 아직 나타나지 아니하였으나 그가 나타나시면 우리가 그와 같을 줄을 아는 것은 그의 참모습 그대로 볼 것이기 때문"이라고 말씀합니다. 요한복음 14장은 "내가 다시 와서 너희를 내게로 영접하여"라고 말씀하며, 요한복음 17장은 "아버지여 내게 주신 자도 나 있는 곳에 나와 함께 있어 아버지께서 창세전부터 나를 사랑하시므로 내게 주신 나의 영광을 그들로 보게 하시기를 원하옵나이다"라고 말씀합니다. 그리스도의 이러한 바람은 오늘날까지 계속되고 있습니다. 최후의 심판에서도 그것은 바뀌지 않을 것이며 완전히 성취되고야 말 것입니다. 이것이 바로 그리스도의 심판주로 재림하심으로부터 우리가 얻는 첫 번째 유익이라고 할 수 있는 위로의 네 부분입니다.

125

또 하나의 유익은 무엇입니까?

그리스도의 재림은 동시에 우리에게 경고로서 기능합니다. 무엇보다도, 누가복음 21장에 주 그리스도께서 "너희는 스스로 조심하라 그렇지 않으면 방탕함과 술취함과 생활의 염려로 마음이 둔하여지고 뜻밖에 그날이 덫과 같이 너희에게 임하리라 이날은 온 지구상에 거하는 모든 사람에게 임하리라"고 말씀하신 것처럼 절제하는 삶을 살라는 경고입니다.

둘째, 주께서 동일한 구절에서 "이러므로 너희는 장차 올 이 모든 일을 능히 피하고 인자 앞에 서도록 항상 기도하며 깨어 있으라"고 말씀하신 것처럼, 그리스도의 재림은 부지런히 기도에 힘쓰라는 경고를 우리에게 줍니다. 이러한 말씀을 통하여 주께서는, 신자들이 기도를 통하여 최후의 심판 전에 일어날 셀 수 없이 많은 형벌들을 피하게 될 것을 가르치신 것입니다. 그와 같은 형벌들의 일부는 신자들에게서 옮겨질 것이고, 일부는 완화될 것이며, 그리하여 베드로전서 1장 말씀대로 신자들은 그 형벌들에서 벗어나 그들의 믿음의 결국, 곧 구원을 얻게 될 것입니다.

셋째, 그리스도의 재림은 우리에게 진정으로 그리스도를 신뢰한다는 것을 나타내라는 경고와 양심을 더럽히지 않고 그분이 언제든지 다시 오실 것임을 기대하면서 그리스도를 닮은 삶을 나타내라는 경고를 우리에게 줍니다. 그리스도가 언제든지 다시 오실 수 있음을 기대하는 것이 그다지 필수적이지 않다고 하면서 최후의 심판은 먼 훗날의 일이라고 우리로 믿게 하는 것이야말로, 사탄의 치명적인 속임수입니다. 마태복음 24장 42절, 44-45절에 나온 그리스도의 명령과 사도들의 모범을 보면 그것과는 반대였습니다. 거룩한 사도 바울은 그리스도의 재림을 그의 생전에 일어나야만 할 일로 여기고, 데살로니가전서 4장에서 "우리가 주의 말씀으로 너희에게 이것을 말하노니 주께서 강림하실 때까지 우리 살아남아 있는 자도 자는 자보다 결코 앞서지 못하리라 주께서 호령과 천사장의 소리와 하나님의 나팔 소리로 친히 하늘로부터 강림하시리니 그리스도 안에서 죽은 자들이 먼저 일어나고 그 후에 우리 살아남은 자들도 그들과 함께 구름 속으로 끌어 올려 공중에서 주를 영접하게 하시리니 그리하여 우리가 항상 주와 함께 있으리라"고 말씀했습니다. 이 말씀으로부터 볼 수 있는 것은 거룩한 사도 바울이 주 그리스도께서 그의 생전에 재림하실 것이라고 기대했다는 점입니다. 그 때는 어떤 거룩한 사도나 천사나 그 외 어떤 피조물에게도 알려지지 않았으니, 이는 데살로니가전서 5장 1-2절 말씀처럼 우리로 하여금 항상 깨어서 준비하도록 하기 위함입니다. 베드로후서 3장도 참고하십시오. "그러나 주의 날이 도둑 같이 오리니 그날에는 하늘이 큰 소리로 떠나가고 물질이 뜨거운 불에 풀어지고 땅과 그중에 있는 모든 일이 드러나리로다 이 모든 것이 이렇게 풀어지리니 너희가 어떠한 사람이 되어야 마땅하냐 거룩한 행실과 경건함으로 하나님의 날이 임하기를 바라보고 간절히 사모하라 그날에 하늘이 불에 타서 풀어지고 물질이 뜨거운 불에 녹아지려니와 우리는 그의 약속대로 의가 있는 곳인 새 하늘과 새 땅을 바라보도다 그러므로 사랑하는 자들아 너희가 이것을 바라보나니 주 앞에서 점도 없고 흠도 없이 평강 가운데서 나타나기를 힘쓰라 또 우리 주의 오래 참으심이 구원이 될 줄로 여기라."

끝으로, 그리스도의 재림은 우리 자신, 즉 우리의 몸과 영혼을 로마 적그리스도의 우상숭배로부터 구별하며, 요한계시록 14장 말씀처럼 큰 인내를 발휘하라는 특별한 경고를 줍니다. "그가 큰 음성으로 이르되 하나님을 두려워하며 그에게 영광을 돌리라 이는 그의 심판의 시간이 이르렀음이니 하늘과 땅과 바다와 물들의 근원을 만드신 이를 경배하라 하더라 또 다른 천사 곧 둘째가 그 뒤를 따라 큰 음성으로 이르되 만일 누구든지 짐승과 그의 우상에게 경배하고 이마에나 손에 표를 받으면 그도 하나님의 진노의 포도주를 마시리니 그 진노의 잔에 섞인 것이 없이 부은 포도주라 거룩한 천사들 앞과 어린 양 앞에서 불과 유황으로 고난을 받으리니 그 고난의 연기가 세세토록 올라가리로다 짐승과 그의 우상에게 경배하고 그의 이름표를 받는 자는 누구든지 밤낮 쉼을 얻지 못하리라 하더라 성도들의 인내가 여기 있나니 그들은 하나님의 계명과 예수에 대한 믿음을 지키는 자니라." 재림 때에는 요한계시록 18장 말씀처럼, 로마의 적그리스도와 그의 장사치들에 의한 영혼 판매가 그칠 것입니다. "그 여자는 자주 빛과 붉은 빛 옷을 입고 금과 보석과 진주로 꾸미고 손에 금잔을 가졌는데 가증한 물건과 그의 음행의 더러운 것들이 가득하더라 그의 이마에 이름이 기록되었으니 비밀이라, 큰 바벨론이라, 땅의 음녀들과 가증한 것들의 어미라 하였더라... 네가 본 짐승은 전에 있었다가 지금은 없으나 장차 무저갱으로부터 올라와 멸망으로 들어갈 자니 땅에 사는 자들로서 창세 이후로 그 이름이 생명책에 기록되지 못한 자들이 이전에 있었다가 지금은 없으나 장차 나올 짐승을 보고 놀랍게 여기리라 지혜 있는 뜻이 여기 있으니 그 일곱 머리는 여자가 앉은 일곱 산이요 또 일곱 왕이라 다섯은 망하였고 하나는 있고 다른 하나는 아직 이르지 아니하였으나 이르면 반드시 잠시 동안 머무르리라 전에 있었다가 지금 없어진 짐승은 여덟째 왕이니 일곱 중에 속한 자라 그가 멸망으로 들어가리라 네가 보던 열 뿔은 열 왕이니 아직 나라를 얻지 못하였으나 다만 짐승과 더불어 임금처럼 한동안 권세를 받으리라 그들이 한 뜻을 가지고 자기의 능력과 권세를 짐승에게 주더라." 요한계시록 21장도 참고하십시오. "모든 눈물을 그 눈에서 닦아 주시니 다시는 사망이 없고 애통하는 것이나 곡하는 것이나 아픈 것이 다시 있지 아니하리니 처음 것들이 다 지나갔음이러라 보좌에 앉으신 이가 이르시되 보라 내가 만물을 새롭게 하노라 하시고 또 이르시되 이 말은 신실하고 참되니 기록하라 하시고 또 내게 말씀하시되 이루었도다 나는 알파와 오메가요 처음과 마지막이라 내가 생명수 샘물을 목마른 자에게 값없이 주리니 이기는 자는 이것들을 상속으로 받으리라 나는 그의 하나님이 되고 그는 내 아들이 되리라 그러나 두려워하는 자들과 믿지 아니하는 자들과 흉악한 자들과 살인자들과 음행하는 자들과 점술가들과 우상 숭배자들과 거짓말하는 모든 자들은 불과 유황으로 타는 못에 던져지리니 이것이 둘째 사망이라." 요한계시록 말미에 우리는 "다시 밤이 없겠고 등불과 햇빛이 쓸데없으니 이는 주 하나님이 그들에게 비치심이라 그들이 세세토록 왕 노릇 하리로다"라는 구절을 읽으며, 조금 뒤에는 "개들과 점술가들과 음행하는 자들과 살인자들과 우상 숭배자들과 및 거짓말을 좋아하며 지어내는 자는 다 성 밖에 있으리라"는 말씀도 읽습니다. 그렇게 주님은 심판을 통하여 우리에게 요한계시록 17장 9절 말씀에 묘사된 대로 일곱 언덕이 있고 사람의 영혼을 판매하는 로마라는 곳의 거짓말과 우상숭배에 대하여 경고하십니다. 테르툴리아누스와 히에로니무스 같은 초대교회 교부들은 이 구절들이 다름이 아닌 로마를 가리키고 있다고 이해했습니다. 성경 본문은 명백하게 이것을 가르치고, 경험도 그것을 확증하며, 사도 바울도 하나님을 대적하여 하나님의 자리에 스스로 앉아서 교회에 우상숭배를 도입하는 세상의 신에 대해서 다루는 구절인 데살로니가후서 2장에서 그것을 확증하고 있습니다. 사도 요한이 기록한 다음 말씀으로 결론을 내리고자 합니다. "이것들을 증언하신 이가 이르시되 내가 진실로 속히 오리라 하시거늘 아멘 주 예수여 오시옵소서."

성령 하나님과 우리의 성화

"성령을 믿사오며"

126

사도신경의 세 번째 단원은 어떤 내용을 포함합니까?

사도신경의 첫 번째 단원은 성부 하나님과 창조, 그리고 하나님이 어떻게 크신 사랑으로 우리를 자녀로 받아주셨는지에 대해 가르칩니다. 두 번째 단원은 어떻게 성자 하나님이 성부 하나님으로부터 세상에 보냄을 받아 사람이 되시고, 지상에서 우리의 구원을 위해 필요한 것들을 성취하셨으며, 이제 우리를 대신하여 심판주로 다시 오실 때까지 하늘에 계시는지에 대하여 알려줍니다. 그리고 성부 하나님의 사랑과 우리 주 예수 그리스도의 은혜가 우리 마음에 부어지도록 하기 위하여, 성부 하나님은 성자 하나님을 통해 우리에게도 성부 하나님의 자비하심과 예수 그리스도의 은혜에 참여하도록 하시는 분이신 성령을 부어주십니다. 사도 바울은 우리의 구원이라는 숭고한 사역의 이와 같은 세 가지 작용을 다음과 같이 요약해 주고 있습니다. "우리 주 예수 그리스도의 은혜와 하나님의 사랑과 성령의 교통하심이 너희 무리와 함께 있을지어다 아멘." 에베소서 1장 2절, 7절, 13절도 참고하십시오.

127

성령에 대해서 어떻게 믿고 계십니까?

성령은 성부 하나님과 성자 하나님과 더불어 영원하신 하나님이시며, 만물을 붙드실 뿐만 아니라 깨우치시고, 다스리시고, 택한 백성을 영생으로 거듭나게 하시는 분이시라고 믿습니다. 또한 갈라디아서 3장과 베드로전서 1장, 고린도전서 6장 말씀처럼 나로 하여금 참 믿음으로 그리스도 안에서 모든 복에 참여하도록 하시기 위하여, 사도행전 9장 말씀처럼 위로하십니다. 나아가 요한복음 14장과 베드로전서 4장 말씀처럼 나와 영원히 함께 계시기 위하여, 마태복음 28장과 고린도후서 1장 말씀처럼 나에게 성령 하나님이 주어졌음을 믿습니다.

128

성령의 사역에 대해서 좀 더 나은 설명을 요청드리며, 우리가 그
분으로부터 거두는 열매에 관하여도 설명해 주십시오.

성령의 사역과 그분이 우리에게 적용해주시는 유익은, 하나님
의 말씀이 성령께 돌리는 이름과 명칭들에 요약되어 있습니다. 첫째,
제삼위 하나님이 우리를 거듭나게 하시고 성화시키시기 때문에, 로마
서 8장 11절, 15절 등의 성경 말씀은 그분을 "성령"이라고 부릅니다.

둘째, 그분은 로마서 8장에서 "양자의 영"으로 불립니다. "너
희는 다시는 두려워하는 종의 영을 받지 아니하고 양자의 영을 받았
으므로 '아빠 아버지'라고 부르짖느니라… 만일 자녀이면 상속자요
그리스도와 함께 한 상속자이니." 갈라디아서 4장은 "너희가 아들이
므로 하나님이 그 아들의 영을 우리 마음 가운데 보내사 '아빠 아버
지'라 부르게 하셨느니라 그러므로 네가 이 후로는 종이 아니요 아들
이니 아들이면 하나님으로 말미암아 유업을 받을 자니라"고 말씀합
니다.

셋째, 에베소서 1장 13절과 고린도후서 1장 22절에 따르면, 성
령은 우리 기업의 "인" 혹은 "보증"이라고 불리는데, 왜냐하면 성령
께서 우리 마음속에 하나님의 양자됨과 하나님의 모든 약속에 대해
확증하시고 확신을 주시기 때문입니다. 성령은 우리의 기업이라고
할 수 있는 영원한 구원이 베드로전서 1장 4-5절, 9절 말씀과 같이

마치 보증금처럼, 하늘 아버지에 의하고 그분의 아들 그리스도를 통하여 주의 깊게 보존되어 있음을 확신시켜 주십니다. 성령은 또한 로마서 8장에서 "성령의 처음 익은 열매"라고도 불리시는데, 왜냐하면 우리 마음속에 있는 성령의 위로와 평안이란 마치 내생에서 소유할 완전한 상속의 첫 열매와도 같기 때문입니다.

넷째, 성령은 "물"이라고 불리기도 하는데, 왜냐하면 그분은 물이 우리의 몸에 유익을 주듯 우리 영혼에 유익을 주시는 분이기 때문입니다. 요한복음 4장에서 예수님은 사마리아 여인에게 "이 물(즉 당신이 길어 올리는 우물물)을 마시는 자마다 다시 목마르려니와 내가 주는 물을 먹는 자는 영원히 목마르지 아니하리니 내가 주는 물은 그 속에서 영생하도록 솟아나는 샘물이 되리라"고 말씀하십니다. 요한복음 7장에서는 예수께서 "누구든지 목마르거든 내게로 와서 마시라 나를 믿는 자는 성경에 이름과 같이 그 배에서 생수의 강이 흘러나오리라"고 선포하십니다. 이사야 35장과 44장, 에스겔 36장도 참고하십시오.

다섯째, 성령은 "불"이라고 불리기도 하는데, 왜냐하면 하나님에 대한 진정한 사랑을 마음속에 타오르게 하시기 때문이며, 또 하나님 나라에 반대되는 것은 무엇이든지 태워버리고 정화시키기 때문입니다.

여섯째, 성령은 "기름부음"이라고 불리기도 하는데, 왜냐하면 우리의 머리이시며 왕이신 예수 그리스도께서 성령을 부어주셔서 전능하신 하나님 앞에서 우리를 거룩하게 하시어 우리를 그리스도와 함께 왕과 제사장으로 삼으시기 때문입니다.

　마지막으로, 그리스도는 요한복음 14장, 15장, 그리고 16장의 경우처럼 종종 "보혜사"라고 불리는데, 그분이 신자들의 모든 걱정거리 속에서도 그들에게 조언과 위로와 힘을 주심으로써, 이 땅의 환난 중에서 신자들이 심령에 평안과 기쁨을 갖도록 하시기 때문입니다. 요약하면, 성령은 연합하게 하는 끈과도 같아서, 그분으로 말미암아 그리스도는 우리 안에 거하시고 우리는 그분 안에 거합니다. 가지가 포도나무에 붙어있을 때 그 나무로부터 양분과 생명을 공급받듯이, 우리도 요한복음 15장 1절 말씀처럼, 그분과 참된 교제를 나누며 그분으로부터 영생을 얻도록 하기 위하여 성령으로 말미암아 그리스도께 붙어있게 되었습니다.

129

그렇다면 성령을 받는 것이 절대적으로 필요합니까?

그렇습니다. 위에 언급된 열매들을 모두 포기하기를 원하지 않는다면 말입니다. 우리를 그리스도께 붙어있도록 하시는 성령이 아니고서는 우리가 그리스도와 그분의 모든 유익에 참여할 수 있는 다른 길이 없습니다. 이는 로마서 8장에서 "누구든지 그리스도의 영이 없으면 그리스도의 사람이 아니라"고 말씀하는 것과 같습니다. 그리고 여러분들은 앞에서 언급한 성령의 열매를 얼마 동안 그리고 영원히 빼앗긴다는 것이 얼마나 가련하고 불쌍한 일이겠는지에 대해서도 각자 생각해보십시오. 그러할 때 우리는 각 사람이 성령을 받는 것이 얼마나 필수적인지 이해할 수 있습니다.

130

성령이 우리에게 절대적으로 필요하다면, 어떻게 해야 성령을 받아 유지할 수 있습니까?

비록 사도들이 경험했던 기적 및 눈에 보이는 성령의 은사와 기적은 그쳤으나, 오늘날에도 그리스도 예수께서는 하늘로부터 우리에게 성령을 주시고 계시며, 앞으로도 세상 끝날까지 계속해서 그렇게 하실 것입니다. 성경이 에베소서 1장에서 "그리스도 안에서 너희도 진리의 말씀 곧 너희의 구원의 복음을 듣고 그 안에서 또한 믿어 약속의 성령으로 인치심을 받았으니 이는 우리 기업의 보증이 되사 그 얻으신 것을 속량하시고 그의 영광을 찬송하게 하려 하심이라"고 증거하듯이, 거룩한 복음이 선포되는 것을 통하여 심령에 믿음이 생기고 삶을 새롭게 하는 일이 있을 때마다 성령은 그리스도에 의하여 우리에게 부어지고 주어지는 것입니다. 마찬가지로 갈라디아서 3장은 "내가 너희에게 다만 이것을 알려 하노니 너희가 성령을 받은 것이 율법의 행위로냐 혹은 듣고 믿음으로냐"라고 말씀하고 있으며, 사도행전 16장은 "자색 옷감 장사 루디아가 바울의 말을 듣고 있을 때 주께서 그 마음을 열어 바울의 말을 따르게 하신지라"고 말씀하는데, 이러한 일들은 오늘날에도 여전히 일어납니다. 요엘 선지자도 나타내주듯이, 하나님이 선지자 요엘을 통하여 하신 약속은 최후 심판의 날, 즉 주의 크고 놀라운 날이 이르기 전까지는 여전히 유효합니다.

요엘 2장과 사도행전 2장은 다음과 같이 말씀합니다. "그 후에 내가 내 영을 만민에게 부어 주리니 너희 자녀들이 장래 일을 말할 것이며 (즉, 하나님을 알고 고백한다는 뜻)… 그 때에 내가 또 내 영을 남종과 여종에게 부어 줄 것이라." 여기서 하나님은 말씀을 듣는 택한 백성에게 성령을 부어주시기 위하여 베드로의 설교를 사용하셨습니다. 오늘날에도 하나님은 그렇게 하고 계시며, 거룩한 복음 설교를 통하여 세상 끝날까지 계속 그렇게 하실 것입니다.

　　요엘서 본문에서 우리가 주목해야 할 점이 두 가지 있습니다. 첫째는 요엘이 하나님께서 우리와 우리 자녀에게 성령으로 말미암아 나누어주시는 하나님을 아는 지식을 구약 선지자들의 이상 및 꿈과 비교하고 있다는 사실입니다. 여기서 하나님은 "마치 구약 선지자들에게 이상과 꿈을 통하여 내가 나를 알렸듯이, 너희 자녀들이 말씀에 대한 설교와 내가 너희에게 부어 줄 성령의 은혜를 통하여 나를 알게 될 것이라"고 말씀하시는 것입니다. 둘째로, 우리와 우리 자녀들에게 동일하게 주어진 이 약속은 최후 심판의 날까지 계속해서 유효하게 유지될 것입니다. 이는 요엘 선지자가 "해가 어두워지고 달이 핏빛같이 변하려니와 누구든지 주의 이름을 부르는 자는 구원을 얻으리라"라고 그 약속 바로 뒤에 덧붙이기 때문입니다.

　　성령은 거룩한 복음의 설교를 통해서 주어질 뿐만 아니라, 믿음과 기도를 통해서 영접됩니다. 사도 바울은 갈라디아서 3장에서 "믿음으로 말미암아 성령의 약속을 받게 하려 함이라"고 말씀합니다. 그리고 주 그리스도께서는 구하는 자에게 성부께서 성령을 주실 것이라고 약속하셨습니다. 왜냐하면 로마서 10장 말씀처럼, 믿음은 전해지는 말씀을 들음에서 나오고, 기도는 믿음에서 나오기 때문입니다. 그러므로 성령은 하나님에 의해 주어지는데, 복음 설교를 통하여 주어지며, 하나님이 주신 믿음과 기도를 통하여 영접되는 것입니다. 그리고 성령이 우리에게 주어지며, 우리에 의하여 영접되는 것과 동일한 방식으로 성령은 유지되며, 그분의 은사들은 매일 더해져 가는 것입니다. 이러한 이유 때문에 우리는 계속해서 참되고 살아있는 믿음을 통하여 하나님 보시기에 부끄러운 것과 죄로부터 마음을 돌이켜야 하고, 계속해서 하나님께 참된 기도를 드려야 합니다. 그리고 이러한 이유로 인해 "무릇 더러운 말은 너희 입 밖에도 내지 말고 오직 덕을 세우는데 소용되는 대로 선한 말을 하여 듣는 자들에게 은혜를 끼치게 하라 하나님의 성령을 근심하게 하지 말라 그 안에서 너희가 구원의 날까지 인치심을 받았느니라"고 하는 사도 바울의 에베소서 4장 말씀을 기억해야 합니다.

131

성령을 받았는지 어떻게 알 수 있습니까?

성령이 미치는 영향을 통해 알 수 있습니다. 바람을 보지는 못하지만 그 영향은 느끼는 것처럼, 성령 역시도 그분의 영향을 통해 알려집니다. 하나님 자녀에게 미치는 성령의 영향 중에서 가장 중요한 것은 다음과 같습니다.

첫째, 하늘 아버지께 드리는 믿음의 기도와 어린아이와 같은 확신, 그리고 탄식입니다. 로마서 8장은 "너희는 다시 두려워하는 종의 영을 받지 아니하고 양자의 영을 받았으므로 우리가 아빠 아버지라고 부르짖느니라"고 말씀하십니다. 그 다음 구절도 참고하십시오. "이와 같이 성령도 우리의 연약함을 도우시나니 우리는 마땅히 기도할 바를 알지 못하나 오직 성령이 말할 수 없는 탄식으로 우리를 위하여 친히 간구하시느니라 마음을 살피시는 이가 성령의 생각을 아시나니 이는 성령이 하나님의 뜻대로 성도를 위하여 간구하심이니라."

둘째, 죄를 싫어하고 의를 사랑하는 것, 즉 죄를 대항하여 싸우는 것이야말로 성령이 계신 확실한 표시입니다. 혈과 육은 본성적으로 죄 중에 있기 때문에, 우리가 죄를 대적해야 한다는 것을 나타내주지 못합니다. 하지만 하나님은 사도 바울이 로마서 7장에서 가르치는 것처럼, 성령을 통하여 그러한 일을 가능하게 하십니다. 그러므로 우리를 괴롭히는 여전히 남아있는 죄가 우리를 절망으로 이끌 수 없으며, 오히려 끊임없이 우리 가슴을 아프게 하는 죄의 목전에서도 위로받을 수 있는 이유를 제공합니다. 이는 우리 내면의 그러한 싸움이야말로 우리에게 성령이 계시다는 사실을 확실하게 나타내기 때문입니다. 성령을 받았다면, 우리는 죽음으로 말미암아 우리를 위하여 완벽한 의를 획득하시고, 우리가 계속해서 대항하여 싸우는 유혹과 죄들을 하나님의 목전에서 숨기시고 가려주시는 분이신 그리스도의 지체가 되었습니다. 하나님은 더 이상 그 죄들을 보지도 않으시고 기억하지도 않으십니다. 하지만 우리가 진정한 믿음을 가지고 이러한 영적 싸움을 계속하기 위해서는 승리를 확신해야 합니다. 이는 사도 바울이 "내가 원하는 바 선은 행하지 아니하고 도리어 원하지 아니하는 바 악을 행하는도다 만일 내가 원하지 아니하는 그것을 행하면 내가 이로써 율법이 선한 것을 시인하노니 이제는 그것을 행하는 자가 내가 아니요 내 속에 거하는 죄니라"고 말하고 몇 절 뒤에, "오호라 나는 곤고한 사람이로다 이 사망의 몸에서 누가 나를 건져내랴 우리 주 예수 그리스도로 말미암아 하나님께 감사하리로다 그런즉 내 자신이 마음으로는 하나님의 법을 육신으로는 죄의 법을 섬기노라"고 하고는 로마서 8장에서 이제 그리스도 예수 안에서 육신을 따르지 않고 그의 영을 따라 행하는 우리에게, 즉 삶 속에서 육체에서 나오는 죄들을 성령으로 말미암아 대적하는 이들에게 결코 정죄함이 없다고 하면서 그러한 위로에 대하여 좀 더 자세히 설명하는 것과도 같습니다.

셋째, 성령이 미치는 영향에는 그리스도께서 영광을 받도록 하기 위하여 그리스도와 그분의 진리를 고백하고, 감사를 드리며, 주님의 도우심에 소망을 두는 것도 포함됩니다. 이와 같은 것들이야말로 하나님의 성령께서 마음에 거하신다는 명백한 표시입니다. 거룩한 사도는 이러한 고백에 관하여 로마서 10장에서 "네가 만일 네 입으로 예수를 주로 시인하며 또 하나님께서 그를 죽은 자 가운데서 살리신 것을 네 마음에 믿으면 구원을 받으리라"고 말씀합니다. 왜냐하면 우리로 하여금 성령을 받고 그리스도의 지체가 되도록 하는 구원하는 참 믿음이야말로 그리스도를 고백하며 그분의 진리를 부끄러워하지 않기 때문입니다. 사도는 고린도전서 12장에서도 (마음으로부터 그분을 주님으로 여긴다고 진심으로 말하는 것에 대해서 말하면서) "누구든지 성령으로 아니하고는 예수를 주님이라고 할 수 없느니라"고 했습니다. 성령은 또한 에베소서 5장에서 감사드리는 것도 성령께서 하시는 일이라고 가르칩니다. "술 취하지 말라 이는 방탕한 것이니 오직 성령으로 충만함을 받으라 시와 찬송과 신령한 노래들로 서로 화답하며 너희의 마음으로 주께 노래하며 찬송하며 범사에 우리 주 예수 그리스도의 이름으로 항상 아버지 하나님께 감사하며 그리스도를 경외함으로 피차 복종하라."

끝으로, 소망 역시 성령의 역사로서, 소망을 통하여 각 사람은 그가 하나님의 자녀로서 영원한 구원을 얻을 것이며, 양자의 영을 받았고 구원의 확증을 소유하고 있다는 결론에 도달할 수 있습니다. 이러한 사실은 "그(그리스도)에게 소망을 두는 모든 자는 복이 있도다" 등과 같이 시편에서 찾을 수 있는 다양하고 아름다운 약속들, 그리고 로마서 5장으로부터 도출될 수 있습니다. "그러므로 우리가 믿음으로 의롭다 하심을 받았으니 우리 주 예수 그리스도로 말미암아 하나님과 화평을 누리자 또한 그로 말미암아 우리가 믿음으로 서 있는 이 은혜에 들어감을 얻었으며 하나님의 영광을 바라고 즐거워하느니라 다만 이뿐 아니라 우리가 환난 중에도 즐거워하나니 이는 환난은 인내를 인내는 연단을 연단은 소망을 이루는 줄 앎이로다 소망이 우리를 부끄럽게 하지 아니함은 우리에게 주신 성령으로 말미암아 하나님의 사랑이 우리 마음에 부은 바 됨이니."

"거룩한 공회와"

132

"거룩한 공회," 즉 "거룩한 보편교회를 믿는다"는 고백을 할 때는 무엇을 믿는 것입니까?

아담으로부터 세상 끝날까지 공로가 아닌 은혜로 말미암아 죄와 영원한 사망에 얽매인 온 인류 중에서 영생을 주실 이들을 택하셔서, 말씀의 선포와 성령의 능력을 통하고 그분을 믿는 믿음으로 말미암아 영원한 사망으로부터 벗어나 금생에서 거듭나게 하시는 하나님의 아들을 믿습니다. 이는 그분께서 친히 요한복음 5장에서, "진실로 진실로 너희에게 이르노니 죽은 자들이 하나님의 아들의 음성을 들을 때가 오나니 곧 이때라 듣는 자는 살아나리라"고 증언하신 것과 같습니다. 에베소서 2장도 참고하십시오. 또한 호세아 2장과 이사야 54장 말씀처럼, 그리스도는 자신의 백성과 영원한 언약을 체결하시고 그들을 신부로 삼아서 혼인하심으로써, 그들로 하여금 참 믿음 안에서 거룩한 복음의 증거와 거룩한 세례라는 언약의 증표를 통해 그분의 지체가 되도록 하십니다. 그리스도는 교회를 위하여 자신을 주셨기에, 교회의 죄악을 더 이상 기억하지 않고 마침내 그 몸과 영혼이 거룩하고 순결하고 흠이 없이 그분 앞에 나타날 때까지 날마다 교회를 성화시키겠다고 예레미야 31장에서 약속하셨고, 교회는 그분과 함께 영원히 살고 영원히 다스릴 것입니다. 이 모든 것은 그리스도의 은혜로 말미암는 것인데, 왜냐하면 에베소서 5장 말씀처럼 그분은 교회를 사랑하셨고, 교회를 위하여 자신을 주셨기 때문입니다. 따라서 "거룩한 공회"를 믿는다는 고백은 나는 그리스도를 믿고 그분의 이름으로 세례를 받았으며 "믿고 세례를 받는 자들은 구원을 얻으리라"는 약속을 신뢰하기 때문에, 항상 하나님의 백성된 교회의 회원으로 머물러 있겠다는 뜻입니다(요한복음 10장). 믿고 세례를 받았으니 구원을 받을 것입니다. 그리스도가 그렇게 약속하셨기에, 다른 방법은 있을 수 없습니다.

133

이 조항을 더 자세히 살펴봅시다. 일단, "거룩한 공회를 신앙의 대상으로 삼는다"고 하지 않고 "거룩한 공회를 믿는다"고 하는 이유가 무엇입니까?

우리는 교회를 하나님의 언약과 약속을 받은 하나님의 백성 공동체라고 믿으며, 우리 역시 이 공동체의 회원이라고 믿습니다. 하지만 우리는 교회나 하나님의 백성을 신앙의 대상으로 삼지 않습니다. 피조물이 아닌 오직 창조주만이 신앙의 대상이 될 수 있기 때문입니다. 이것은 마치 우리가 "몸이 다시 사는 것을 신앙의 대상으로 삼는다"라고 하지 않고, "몸이 다시 사는 것을 믿는다"라고 고백하는 것과도 같습니다.

134

둘째, 왜 교회 혹은 하나님의 백성을 일컬어 "거룩하다"고 합니까?

그것은 교회가 금생에서 죄 없는 상태에 이를 수 있기 때문이 아닙니다. 그러한 상태는 금생이 지나간 후에 일어날 것입니다. 왜냐하면 "우리 죄를 사하여 주옵시고"라고 매일 요청하라고 명하신 그리스도의 명령으로부터 면제되었다고 주장할 수 있는 신자는 아무도 없기 때문입니다. 그렇게 생각하지 않는 사람은 스스로를 속이는 것입니다. 교회가 거룩하다고 일컬음을 받는 것은 다음 두 가지 이유 때문입니다.

첫째, 로마서 8장과 에베소서 5장 말씀처럼, 하나님께서 하나님의 영광이 교회에 비취게 하려고 교회를 성화시키기 시작하셨고, 교회를 경건한 삶으로 새롭게 하시기를 시작하셨기 때문입니다. 둘째, 비록 교회에는 여전히 많은 죄와 연약함이 있으나, 그래도 그것들은 그리스도의 완전한 순종으로 완벽하게 가려졌기 때문입니다. 그리하여 교회의 성화는 그 자체로는 불완전하지만 예수 그리스도 안에서는 완벽하고 완전한 것입니다. 사도는 이에 대하여 골로새서 2장에서 "너희도 그 안에서," 즉 그리스도 안에서, "충만하여졌으니"라고 말씀합니다. 그리고 요한복음 17장에서 그리스도께서는 "그들을 위하여 내가 나를 거룩하게 하오니 이는 그들도 진리로 거룩함을 얻게 하려 함이니이다 내가 비옵는 것은 이 사람들만 위함이 아니요 또 그들의 말로 말미암아 나를 믿는 사람들도 위함이니"라고 말씀합니다. 그러므로 하나님의 말씀은 장인이나 부인이나 어린이를 막론하고 모든 신자들을 금생에서도 "성도"라고 부릅니다. 고린도전서 1장과 7장 말씀처럼, 그들은 모두 그리스도로 말미암아 거룩합니다.

135

셋째, 왜 "하나의 보편교회"라고 하는 것입니까?

왜냐하면, 교회의 머리가 오직 그리스도 한 분뿐인 것처럼, 아담으로부터 세상의 종말까지 모든 신자들은 그리스도의 지체이며, 성령으로 말미암아 한 몸을 이루기 때문입니다. 고린도전서 12장 말씀처럼, 그들은 모두 유일한 머리되신 그리스도로 말미암아 구속되었고, 그 머리에 붙어서 그분을 믿는 믿음으로 말미암아 보존되었습니다. 처음부터 교회는 항상 영생에 이르는 오직 하나의 길만을 가지고 있었는데, 그 길은 바로 로마서 4장과 고린도전서 10장 말씀처럼 교회의 유일한 머리요 유일한 중보자로서 뱀의 머리를 상하게 하신 그리스도이십니다. 사도행전 15장 11절에도 "그들이(우리 조상들) 우리와 동일하게 주 예수 그리스도의 은혜로 구원받는 줄을 믿노라"는 말씀이 나옵니다. 신자 각 사람은 교회의 회원으로서, 전체 교회, 즉 하나님의 백성에게 주어진 마태복음 16장 18절과 같은 약속들을 자신에게 적용해야만 합니다.

"성도가 서로
교통하는 것과"

"성도가 서로 교통하는 것"은 무엇이라고 이해해야 합니까?

첫째로 그것은 고린도전서 1장 말씀처럼, 신자들이 개별적으로든 전체적으로든 하나님의 성도들이요 교회 공동체의 회원들로서, 한 분 주 그리스도와 그분의 보화 및 은사들을 공유한다는 뜻입니다. 이는 요한일서 1장에서 "우리가 보고 들은 바를 너희에게도 전함은 너희로 우리와 사귐이 있게 하려 함이니 우리의 사귐은 아버지와 그의 아들 예수 그리스도와 더불어 누림이라"고 말씀한 것과 같습니다.

둘째로 그것은 고린도전서 12장 말씀처럼, 교회 공동체의 회원들이 동료 회원들을 섬기고 풍성하게 하기 위해 각자의 은사들을 기꺼이 그리고 즐거이 사용하며, 환난 중에 있는 동료 회원들을 긍휼히 여기는 것을 자신의 의무로 여기는 방식으로 서로 연결되어 있다는 뜻입니다. "너희도 함께 갇힌 것 같이 갇힌 자를 생각하라"고 히브리서 13장도 말씀합니다.

사도신경의 남은 부분들에는 어떤 내용이 들어있습니까?

사도신경의 남은 부분은 그리스도가 성령의 능력으로 말미암아 모든 신자들에게 내려주시는 유익들에 대해 우리에게 자세하게 설명합니다. 그리스도가 주시는 이러한 유익들은 두 방면으로 생각될 수 있습니다. 첫째는 금생에서 그것들을 소유하는 측면이고(로마서 5장 1-2절), 둘째는 내생에서 그것들을 완전히 누리는 측면입니다.

그리스도가 금생에서 주시는 유익들을 소유한다는 것에 대해서는 어떻게 이해해야 합니까?

다음과 같이 이해하면 됩니다. 그리스도의 몸인 교회 밖에는 구원이 없는 것처럼, 교회의 모든 참되고 살아있는 회원들은 죄 용서라고 하는 참된 구원을 이제 소유하였습니다. 사도 바울은 이 점을 로마서 4장에서 시편 32편을 인용하면서 증명합니다. "불법이 사함을 받고 그 죄가 가리어짐을 받는 사람들은 복이 있고 주께서 그 죄를 인정하지 아니하실 사람은 복이 있도다." 에베소서 2장 12-13절도 참고하십시오.

"죄를 사하여 주시는 것과"

139

그렇다면, 이어지는 조항에서 입술로 고백하게 될 "죄를 사하여 주시는 것"이라는 부분에 대해서와 믿음으로 얻는 죄 사함에 대해 설명해 주십시오.

죄, 그리고 죄라고 불리우는 모든 것들, 즉 마치 부패하고 악한 질병같이 남아서 나를 계속해서 사로잡아 하나님을 마음을 다해 사랑하지 못하도록 하고 이웃을 나 자신같이 사랑하지 못하도록 하는 죄이거나, 하나님의 명령에 반대되는 생각과 말과 행동 등과 같은 본죄이거나를 막론하고, 그리고 그것이 아무리 나에게 여전히 강하게 붙어 있을지라도, 영원토록 값없이 사함을 받고 용서를 받은 채로 있을 것임을 믿는다는 것입니다. 이것은 은혜로 말미암아 복음에 나타난 하나님의 약속을 믿는 것을 통해서와 십자가에 달리신 그리스도의 희생제사를 통해서 일어나는 일입니다. 이는 실로 내가 죄를 전혀 지은 적이 없거나 혹은 내 안에 죄가 더 이상 없어야만 가능할 만할 방식의 죄 용서, 즉 허물과 형벌의 기억조차도 모두 하나님의 기억에서 지워버리는 방식의 죄 용서입니다. 그로 인해 나는 그리스도를 통하여 하나님을 믿되, 성령께서 다윗을 통하여 "불법이 사함을 받고 그 죄가 가리어짐을 받는 사람들은 복이 있고 주께서 그 죄를 인정하지 아니하실 사람은 복이 있도다"라고 말씀하신 것처럼, 금생에서도 구원을 받았다는 것을 믿습니다.

금생에서 우리는 우리를 유혹하고 괴롭게 하는 죄에 대항하여 꾸준히 싸워야 하므로, 죄로 인한 낙심에 직면했을 때에도 우리의 약한 믿음이 강해질 수 있도록, 우리 앞에 죄사함에 대한 하나님의 특정한 약속들을 두는 것은 도움이 되는 정도가 아니라 꼭 필요한 것이 됩니다.

예레미야 31장에서 주님은 "내가 그들의 불의를 사하고 그들의 죄를 다시 기억지 아니하리라"고 말씀하십니다. 예레미야 33장도 같은 말씀을 하고, 또한 시편 103편도 동일하게 "내 영혼아 여호와를 송축하라 내 속에 있는 것들아 다 그의 거룩한 이름을 송축하라 내 영혼아 여호와를 송축하며 그의 모든 은택을 잊지 말지어다 그가 네 모든 죄악을 사하시며 네 모든 병을 고치시며"라고 말씀하는데, 그보다 좀 더 뒤에 있는 구절을 보면 "우리의 죄를 따라 우리를 처벌하지는 아니하시며 우리의 죄악을 따라 우리에게 그대로 갚지는 아니하셨으니 이는 하늘이 땅에서 높음같이 그를 경외하는 자에게 그의 인자하심이 크심이로다. 동이 서에서 먼 것 같이 우리의 죄과를 우리에게서 멀리 옮기셨으며"라고 말씀합니다. 요한일서 1장 말씀대로, "우리 주 예수 그리스도의 피가 우리를 모든 죄에서 깨끗하게 하실 것"입니다. 그래서 십자가에서 그리스도는 "다 이루었다"고 말씀하셨습니다.

죄사함을 믿는 것보다 더 믿기 어려운 것이 없으므로, 신자들이
확실히 죄사함을 받았다는 믿음의 근거(혹은 이유)를 제시해주시기
바랍니다.

그리스도로 말미암은 죄사함의 확실성을 뒷받침하는 이유나
근거는, 그리스도에 대한 앞의 조항들에서 설명했듯이, 그리스도의
죽으심이라는 실제 사실을 통하여 확인된 하나님의 약속과 맹세입니
다. 계명들을 지켜야만 한다는 조건도 없고, 그 어떠한 행위의 공로
도 없이, 그리스도의 공로를 신뢰함과 믿음으로 말미암아 허락된 값
없는 선물이 바로 죄사함입니다. 믿음이란 하나님의 약속이 예와 아
멘이 되는 분 예수 그리스도 안에서, 그분의 공로로 말미암아, 히브
리서 6장 말씀처럼 하나님께서 자발적으로 하신 약속과 맹세를 직접
적으로 바라봐야만 합니다. "하나님은 약속을 기업으로 받는 자들에
게 그 뜻이 변하지 아니함을 충분히 나타내시려고 그 일을 맹세로 보
증하셨나니 이는 하나님이 거짓말을 하실 수 없는 이 두 가지 변하지
못할 사실로 말미암아 앞에 있는 소망을 얻으려고 피난처를 찾은 우
리에게 큰 안위를 받게 하려 하심이라 우리가 이 소망을 가지고 있는
것은 영혼의 닻 같아서 튼튼하고 견고하여 휘장 안에 들어가나니 그
리로 앞서가신 예수께서 멜기세덱의 반차를 따라 영원히 대제사장이
되어 우리를 위하여 들어가셨느니라."

그렇다면 더 이상 우리에게 죄가 없도록 하는 방식의 죄사함을 받았다고 믿는다는 뜻입니까?

그렇지는 않습니다. 비록 우리 안에 지금 죄가 있고 죽을 때까지도 그렇겠지만, 그 죄가 우리에게 전가되지 않으며, 완전한 용서를 받았다고 믿는다는 것입니다. 이것이 바로 로마서 4장과 시편 32편 등에서 사도 바울과 선지자들이 구원받은 사람들을 가리켜 죄가 없는 사람들이라고 선언하지 않고, 다만 그들의 죄가 실제로 있으나 가려졌다고 말하는 이유입니다.

그렇다면, 죄사함에 대한 조항을 다음과 같이 요약할 수 있겠습니까? "그리스도의 몸인 교회, 그리고 교회의 모든 회원들은 금생에서 불확실하지 않고 임시적인 것이 아니라 확실하고 지속되고 영원한 죄사함을 소유하며, 일부 죄들이 아니라 그들이 매일 대항하여 싸워야만 하는 모든 죄가 용서를 받았다고 믿는다. 그러므로 교회 안에는, 마치 더 이상 죄와 사망이 없기라도 한 것처럼, 더 이상의 정죄함이 없다. 그렇게 신자들은 하나님과 평화를 누리며 참 구원을 소유한다."

그야말로 좋은 요약입니다. 그것이 바로 주 그리스도께서 요한복음 5장에서 "내 말을 듣고 또 나 보내신 이를 믿는 자는 영생을 얻었고 심판에 이르지 아니하나니 사망에서 생명으로 옮겼느니라"고 말씀하신 이유입니다.

144

두 가지 질문을 더 드리겠습니다. 첫째 질문은, 우리 죄가 사함을 받았음을 알고 믿기 때문에 계속해서 죄 가운데 있어도 되는지에 관한 것입니다.

절대로 그래서는 안됩니다. 그리스도께 접붙여진 우리 모두는 그분으로부터 금생에 두 가지 유익을 받습니다. 첫째 유익은 금생에서 완전히 소유할 수 있는 것이지만, 둘째 유익은 그렇게 할 수 없는 것입니다. 첫째 유익은 우리 죄들이 금생에서 완전한 사함을 받았다는 것입니다. 둘째 유익은 로마서 6장 말씀대로, 죄가 아니라 그리스도의 영이 우리 안에 넘쳐서 우리로 하여금 금생에서 죄를 이기고, 죄가 아닌 주 하나님께 순종하도록 하려고 우리의 마음을 죄와 마귀의 나라로부터 돌이켜 그리스도께 향하도록 한다는 것입니다.

또 다른 질문은, 우리가 이러한 새로운 순종 혹은 선행의 공로로
말미암아 죄사함을 얻을 수 있는지 여부입니다.

불가능합니다. 이 두 가지 유익은 모두 그리스도의 공로로 인
해 값없이 우리에게 주어졌습니다. 그리스도는 그분의 공로로 먼저
우리의 죄를 덮으신 후에, 비록 금생에서는 불완전하지만, 우리 속
에 종과 같은 순종이 아닌 자녀와 같은 순종을 불러일으키는 성령을
우리에게 부어주셨습니다. 그러므로 우리는 우리 구원의 토대를 첫
째 유익이라고 할 수 있는 죄사함에 기초해야 하겠습니다. 이러한 죄
사함은 완전하기에, 로마서 8장 1절과 에베소서 2장 2-4절 말씀처럼
부족함이 마침내 완전하게 제거될 때가 오기까지, 자녀와 같은 우리
의 순종에서 부족한 것들을 덮어 줍니다.

146

지금까지는 교회의 모든 회원들이 금생에서 가진 가장 중요한 유익들이라고 할 수 있는 죄사함 및 하나님 형상으로의 회복의 시작에 대하여 설명했습니다. 그중에서는 이전 조항들에서 다루었던 내용들인 하나님의 자기 교회를 보호하심, 그리고 그분이 세상에서 교회에 주시는 피난처에 대한 내용도 포함되어 있습니다. 이제는 한 걸음 더 나아가서 그리스도께서 주시는 유익들을 완전하게 누리는 것에 관하여 설명해 주십시오.

그것은 바로 우리 하늘 아버지의 나라에서 우리 몸과 영혼에 충만하게 계시될, 영원하고 복된 삶입니다. 이것은 우리의 머리이신 예수 그리스도께 완전히 연합되어 요한일서 3장과 빌립보서 3장 말씀대로 몸과 영혼이 완전히 새로 태어나 그리스도의 형상으로 영원히 변화되어 그분의 영광에 들어갈 때 일어날 일입니다.

"몸이 다시 사는 것과"

몸과 영혼으로 영원히 산다는 사실을 어떻게 이해하십니까?

첫째, 우리의 영혼은 금생에서 분리되자마자, 그리스도가 주시는 기쁨으로 들어가게 됩니다. 그리스도가 십자가에 달린 강도에게 하셨던 말씀은 모든 신자에게도 해당됩니다. 하지만, 세상 끝에 우리의 몸이 먼저 부활하고 영혼과 재결합을 한 후에야, 우리는 몸과 영혼으로 영원한 구원을 완전하게 누리게 될 것입니다. 마치 그리스도께서 산에 오르사 제자들 앞에서 변형되셨던, 마태복음 17장의 "그들 앞에서 변형되사 그 얼굴이 해 같이 빛나며 옷이 빛과 같이 희어졌더라"고 한 말씀처럼, 지금 우리가 가진 이 몸이 모든 약함으로부터 해방되어 상상을 초월한 능력과 영광으로 옷 입게 될 것입니다.

148

영생으로 부활한 후에 그리스도가 주시는 유익을 완전히 누린다는 것이 무엇인지 요약된 형태로 살펴보았으니, 이제는 몸의 부활과 영원한 생명에 관한 조항들을 좀 더 자세하게 설명해 주십시오. 우리가 가지고 있는 이 몸이 죽었다가 다시 살아날 것을 믿으십니까?

다른 어떤 것도 아닌, 본질상 동일한 이 몸이 부활할 것입니다. 하지만 몸은 지금과는 다르게 장식될 것입니다. 마태복음 22장에 나오는 그리스도의 말씀으로부터 우리는 부활 시에 신자들이 하늘의 천사들처럼 된다는 사실을 알 수 있습니다. 그리고 마태복음 13장에서 주 그리스도는 "의인들은 하늘의 해와 같이 빛나리라"고 가르치십니다. 다니엘 마지막 장도 참고하십시오. 그러므로 신자들의 몸은 하늘빛의 광채로 인하여 밝고 맑게 빛나게 될 것입니다. 그러한 몸은 영광스런 몸이라고 하는데, 왜냐하면 모세의 얼굴에 나타났던 것처럼 영광이 그들의 몸의 광채로 나타나기 때문입니다. 또한, 그러한 몸은 신령한 몸이라고 불리는데, 이는 육체와 뼈를 제거하지 않고도 그들을 살게 하시고, 그들을 장식해 주시는 그리스도의 영으로 인한 것입니다. 이 주제에 대해 매우 길게 다루고 있는 고린도전서 15장에 나온 사도 바울의 가르침을 우리는 이와 같은 방식으로 이해해야 합니다. 우리의 영광스러운 부활의 이유와 그에 대한 증언에 대해서는 앞에서 그리스도의 부활의 열매에 대해 다루면서 설명하였습니다. 그리스도의 부활이야말로 빌립보서 3장 말씀처럼, 우리 육체의 영광스러운 부활에 대해 묵상하고 싶을 때 믿음으로 마땅히 바라보아야만 하는 것입니다.

우리가 현재 가진 바로 이 몸이 실제로 부활한다는 내용의 성경 구절들을 알려주십시오.

고린도전서 15장에서 사도 바울은 (우리가 지금 가진 바로 이 몸을 가리키면서), "이 썩을 것이 반드시 썩지 아니할 것을 입겠고 이 죽을 것이 죽지 아니함을 입으리로다"고 말씀합니다. 성도인 욥 역시 욥기 19장에서 "내가 알기에는 나의 대속자가 살아 계시니 마침내 그가 땅 위에 서실 것이라 내 가죽이 벗김을 당한 뒤에도 내가 육체 밖에서 하나님을 보리라 내가 그를 보리니 내 눈으로 그를 보기를 낯선 사람처럼 하지 않을 것이라 내 마음이 초조하구나"라고 했습니다. 에스겔 37장도 참고하십시오.

150

경건하지 않은 사람들의 몸도 부활합니까?

그렇습니다. (사도행전 24장 말씀에 따라) 그들 역시 부활하지만, 그들의 부활은 하나님을 두려워한 사람들의 몸처럼 영광과 광채 속에서 이루어지지는 않을 것입니다. 약함과 수욕과 비참함은 그들의 몸으로부터 제거되지 않을 것이며, 또한 그들은 더욱 큰 수욕 가운데서 부활할 것이므로, 하나님의 심판으로 말미암은 고난을 받게 될 것입니다. 그들은 죽고 썩는 가운데서, 죽지 않고 썩지 않을 것입니다. 다니엘 12장과 마태복음 25장 말씀대로, 그 어떤 고난도 경건하지 않은 사람들의 저주받은 몸을 완전히 태우지 못할 것입니다.

의인과 악인의 부활을 뒷받침하는 성경적 근거는 무엇입니까?

전능하고 의롭고 변함이 없는 하나님의 뜻이 바로 그 근거입니다. 먼저 하나님의 전능하심에 대해 말하자면, 하나님께서 몸이 존재하기 전에 흙으로 몸을 창조하셨기에, 빌립보서 3장 21절과 히브리서 11장 17-19절이 말씀하듯이, 그분에게는 동일한 몸이 흙이 되었을 때 그것을 다시 살아나게 하실 수 있는 능력이 있습니다. 그 다음으로는, 그러한 부활로 말미암아 자신의 의로움을 나타내시려는 하나님의 뜻이 있습니다. 이러한 의로움은 악과 불명예로 점철된 경건하지 않은 사람들의 몸은 벌하셔야만 하고, 신자들은 마태복음 22장 32절의 은혜언약으로 말미암아 약속된 살리심과 구원을 그들의 몸으로 받아야만 합니다. 사도 바울은 데살로니가후서 1장에서 이러한 굳건한 토대에 대하여 다음과 같이 묘사합니다. "너희로 환난을 받게 하는 자들에게는 환난으로 갚으시고 환난을 받는 너희에게는 우리와 함께 안식으로 갚으시는 것이 하나님의 공의시니 주 예수께서 자기의 능력의 천사들과 함께 하늘로부터 불꽃 가운데에 나타나실 때에 하나님을 모르는 자들과 우리 주 예수의 복음에 복종하지 않는 자들에게 형벌을 내리시리니." 이 점에 대해서는 앞서 최후의 심판을 다루면서 더 깊이 설명하였습니다. 그리하여 하나님께서 하실 수 있는 일과 하시기를 원하시는 일은 모두 반드시 이루어지고야 맙니다. 전능하신 하나님은 죽은 몸을 살아나도록 하실 수 있을 뿐만 아니라, 그분의 변함 없는 의로움과 참되심으로 인해 의인과 악인을 부활시키기를 원하십니다.

"영원히 사는 것을
믿사옵나이다"

152

사도신경의 마지막 조항인 "영원히 사는 것을 믿사옵나이다"를 고백할 때에는 무엇을 믿는 것입니까?

영생이 있음을 믿을 뿐만 아니라, 그 영생이 약속되어 값없이 나에게 주어졌음을 믿는 것입니다. 그리스도를 믿는 믿음을 통하여 이미 내 속에 시작된 영생은, 내 속에 더욱 충만하게 계시될 것입니다. 이는 "그가 우리에게 약속하신 것은 이것이니 곧 영원한 생명이니라"고 한 요한일서 2장 말씀과도 같습니다. 이 영생이 우리의 것이 되었음을 믿으며, 처음부터 그 안에 생명이 있었던 분이신 하나님 아들을 믿는 믿음으로 말미암아 내 속에서 이미 시작되었음을 믿습니다. 그리고 앞으로 우리에게 영생이 충만히 계시될 것이라고 믿습니다. 이 모든 것은 요한일서 5장에 나오는 가르침들입니다. "만일 우리가 사람들의 증언을 받을진대 하나님의 증거는 더욱 크도다 하나님의 증거는 이것이니 그의 아들에 대하여 증언하신 것이니라 하나님의 아들을 믿는 자는 자기 안에 증거가 있고 하나님을 믿지 아니하는 자는 하나님을 거짓말하는 자로 만드나니 이는 하나님께서 그 아들에 대하여 증언하신 증거를 믿지 아니하였음이라 또 증거는 이것이니 하나님이 우리에게 영생을 주신 것과 이 생명이 그의 아들 안에 있는 그것이니라 아들이 있는 자에게는 생명이 있고 하나님의 아들이 없는 자에게는 생명이 없느니라 내가 하나님의 아들의 이름을 믿는 너희에게 이것을 쓰는 것은 너희로 하여금 너희에게 영생이 있음을 알게 하려 함이라." 그리고 요한복음 3장, 요한복음 5장 24-26절과 28절에도 나옵니다.

하지만 왜 영생에 대해서 완벽하게 묘사해 줄 수는 없는 것입니까?

하나님의 말씀 고린도전서 2장과 이사야 64장에서 "하나님이 자기를 사랑하는 자들을 위하여 예비하신 모든 것은 눈으로 보지 못하고 귀로 듣지 못하고 사람의 마음으로 생각하지도 못하였다"고 말씀하기 때문입니다.

154

> 성령으로 말미암아 말씀으로 우리에게 계시해주신 그대로 영생에
> 대해 묵상하는 것은 유익한 일이므로, 영생에 대해 묵상하는 데에
> 도움을 줄 수 있는 성경 구절들을 알려주십시오.

무엇보다도, 주 하나님은 마르지 않고 흐르는 샘처럼 모든 좋은 것으로 충만한 분이시기에, 하나님 안에서 하나님을 통하여 참으로 행복해지기 위해서 우리는 그분만을 갈망해야 합니다. 하나님이 창세기 15장과 17장에서 믿음의 조상 아브라함에게 말씀하심으로 우리에게도 하신 말씀을 보십시오. "아브라함아, 나는 너의 지극히 큰 상급이니라." "나는 전능한 하나님이라." 과연 하나님은 모든 좋은 것으로 충만하신 하나님이십니다. 다윗은 시편 16편에서 "여호와는 나의 산업의 분깃"이라고 하였고, 사도 베드로 역시 우리가 "신의 성품에 참여하는 자"로 불린다는 사실을 나타내었으며, 사도 바울은 고린도전서 15장에서 "하나님이 만유 안에 만유가 (신자들 속에서) 되려 하심"이라고 말씀합니다. 영생에 관한 사도신경의 조항에서, 이 고귀하고 완벽한 구원은 바로 이렇게 이해되어야만 합니다. 하나님만이 모든 복의 근원이시므로, 하나님께서 친히 그 복을 우리에게 충만하게 주시고, 우리를 성전으로 삼아 우리 속에 충만하게 거하시며, 우리 안에 하나님의 영원한 의와 기쁨과 영광과 광채를 부어주시지 않는다면, 우리는 이러한 완벽한 복을 소유할 수 없는 것입니다. 마지막으로, 하나님의 말씀은 영생에 대해 많은 아름다운 묘사들로 표현하는데, 그 찬란한 예를 요한계시록 21장에서 찾을 수 있습니다.

그리스도와 그분이 주시는 유익을 충만하게 누리는 것에 대해 사
도신경의 마지막 두 가지 조항을 할애한 이유는 무엇입니까?

먼저 신자들로 하여금 그들의 구원이 땅에서는 충만하게 경
험될 수 없다는 것을 알게 하기 위함입니다. 그것에는 두 가지 유익
이 있습니다. 첫째 유익은 우리가 이 세상에서는 외국인처럼 살아나
가야 한다는 사실을 깨닫고 항상 움직일 준비를 하면서, 사도 바울이
고린도후서 5장에서 가르쳐주듯이, 이 땅의 지나갈 것들에 우리의
생각을 고정해서는 안 된다는 것을 기억하게 도와준다는 것입니다.
"그러므로 우리가 항상 담대하여 몸으로 있을 때에는 주와 따로 있는
줄을 아노니 이는 우리가 믿음으로 행하고 보는 것으로 행하지 아니
함이로라 우리가 담대하여 원하는 바는 차라리 몸을 떠나 주와 함께
있는 그것이라 그런즉 우리는 몸으로 있든지 떠나든지 주를 기쁘시
게 하는 자가 되기를 힘쓰노라." 로마서 8장도 참고하십시오.

둘째 유익은 이러한 앎이 우리로 하여금 인내하며 절망에 빠
지지 않도록 한다는 점입니다. 신자들이 성령의 위로 속에서 갖게 된
구원의 시작은 아직 구원을 충만히 누리는 것과는 비견될 수 없습니
다. 그 이유는 하나님이 신자들 속에 있는 죄를 죽이고, 베드로전서
1장 말씀처럼 그 신자들을 영원한 영광으로 준비시키기 위해 사용하
시는 각종 유혹과의 많은 싸움이 있기 때문입니다. 신자들이 이 사실

을 인식했을 때, 그들은 그 와중에 용기를 잃거나 절망에 빠지지 않도록 해야 하고, 오히려 그들의 마음의 눈을 복된 부활과 영생으로 돌려, 우리의 구원이 충만히 계시될 그날을 인내로 기다려야만 할 것입니다. 이것이 바로 그리스도께서 누가복음 21장에서 "너희가 내 이름으로 말미암아 모든 사람에게 미움을 받을 것이나 너희 머리털 하나도 상하지 아니하리라 너희의 인내로 너희 영혼을 얻으리라"고 말씀하신 것의 의미입니다. 히브리서 마지막 장에도 "우리가 여기에는 영구한 도성이 없으므로 장차 올 것을 찾나니"라고 기록되어 있습니다.

이 둘째 유익은 특별히 세상이 원하는 것에 반대하여 세상에 좋은 일을 하는데도 감사를 모르는 세상 앞에서, 그리고 빈곤과 추방 등과 같은 반드시 나타날 위험들 앞에서, 하나님의 진리를 인내로 설교해야 하는 설교자들을 무장시킵니다. 설교자들을 거스르는 이 환난이라는 무거운 짐이 그들을 압제하고 짓누를 때, 설교자들은 그 저울의 반대편에는 그들을 위해 예비된, 육체적으로 무거운 짐이라고 하더라도 그 외 짐들을 모두 가볍게 만드는 영원한 영광이라는 대단한 무게가 있음을 기억해야 합니다. 그러므로 우리는 (사도 바울이 고린도후서 4장에서 말씀하듯이), "낙심하지 아니하노니 우리의 겉사람은 낡아지나 우리의 속사람은 날로 새로워지는도다 우리가 잠시 받는 환난의 경한 것이 지극히 크고 영원한 영광의 중한 것을 우리에게 이루게 함이니"라고 말합니다. 우리는 다니엘 12장의 약속(좁게는 선생들을 격려하고 넓게는 모든 신자들에게 적용되는 약속)을 우리 앞에 항상 두어야 합니다. "선생들은(혹은 지혜있는 자들은) 궁창의 별과 같이 빛날 것이요 많은 사람을 옳은 데로 돌아오게 한 자는 별과 같이 영원토록 빛나리라." 디모데후서 2장과 열왕기상 19장, 그리고 요한계시록 2장 10절도 참고하십시오. 설교자들은 세상의 호의와 보상에 미혹되어 진리를 숨기거나 부드럽게 만들어서는 안 됩니다. 그렇다면, 그날에 그리스도가 "내가 진실로 너희에게 이르노니 그들은 자기 상을 이미 받았느니라"고 하시는 끔찍한 말씀을 그들 역시 피할 수 없을 것입니다.

156

하지만 신자들이 영생이라는 목표에 아직 도달하지 않은 상태에서 그들의 충만한 구원은 금생에서 경험되는 것이 아님을 아는 것만으로 어떻게 만족할 수 있겠습니까?

영생이 예비되었음을 믿는 신자라면 누구나 하나님이 약속하신 영생에 이르기까지 참 믿음으로 그를 계속해서 지키신다는 것을 믿습니다. 그렇지 않다면 신자는 영생을 믿는다고, 영생이 자신의 것이라고 참되게 말하지 못할 것입니다. 성경은 많은 곳에서 이 사실을 증거합니다. 먼저 베드로전서 1장은 "우리 주 그리스도의 아버지 하나님을 찬송하리로다 그의 많으신 긍휼대로 예수 그리스도를 죽은 자 가운데서 부활하게 하심으로 말미암아 우리를 거듭나게 하사 산 소망이 있게 하시며 썩지 않고 더럽지 않고 쇠하지 아니하는 유업을 잇게 하시나니 곧 너희를 위하여 하늘에 간직하신 것이라 너희는 말세에 나타내기로 예비하신 구원을 얻기 위하여 믿음으로 말미암아 하나님의 능력으로 보호하심을 받았느니라... 너희가 거듭난 것은 썩어질 씨로 된 것이 아니요 썩지 아니할 씨로 된 것이니 살아있고 항상 있는 하나님의 말씀으로 되었느니라"고 말씀합니다. 요한일서 3장도 "하나님의 씨가 그의 속에 거함이요"라고 말씀합니다. 고린도전서 10장은 "하나님은 미쁘사 너희가 감당하지 못할 시험당함을 허락하지 아니하시고 시험당할 즈음에 또한 피할 길을 내사 너희로 능히 감당하게 하시느니라"고 말씀합니다. 빌립보서 2장은 "너희 안에 행하시는 이는 하나님이시니 자기의 기쁘신 뜻을 위하여 너희에게 소원을 두고 행하게 하시나니"라고 말씀합니다. 로마서 8장은 "누가 우리를 그리스도의 사랑에서 끊으리요 환난이나 곤고나 박해나 기근이나 적신이나 위험이나 칼이랴... 어떤 피조물이라도 우리를 우리 주 그리스도 예수 안에 있는 하나님의 사랑에서 끊을 수 없으리라"고 말씀합니다. 요한복음 10장에서는 그리스도께서 "내가 그들에게 영생을 주노니 영원히 멸망하지 아니할 것이요 또 그들을 내 손에서 빼앗을 자가 없느니라 그들을 주신 내 아버지는 만물보다 크시매 아무도 아버지 손에서 빼앗을 수 없느니라 나와 아버지는 하나이니라"고 말씀합니다. 그리고 빌립보서 4장은 "모든 지각에 뛰어난 하나님의 평강이 그리스도 예수 안에서 너희 마음과 생각을 지키시리라"고 했습니다.

그리스도를 믿음으로 얻는 칭의

— 나가는 말 —

157

우리 기독교의 신앙고백인 사도신경의 다양한 부분과 그 조항들에 대해서 논의했으니, 이제는 그러한 신앙에 따라 그리스도를 참으로 믿는 것을 통하여 완전한 구원을 받을 수 있는지에 대해 듣고 싶습니다.

(이 책의 서두에서도 말했지만) 고린도전서 2장 2절이 말씀하듯이, 십자가에 달리신 그리스도를 참된 믿음으로 받아들이는 것만이 영생에 이르는 유일한 길입니다. 성령의 은사인 믿음은 그리스도와 그분이 주시는 모든 유익을 우리의 것이 되도록 합니다. 그리스도는 믿음으로 말미암아 우리의 것이 되도록 하나님에 의하여 우리에게 값없이 주어진 분이십니다. 그러므로 결국, 그리스도가 우리의 구원에 필요한 것들을 모두 가지지 못했다고 하든지, 혹은 모두 가졌다고 고백하며 십자가에 못 박히신 그리스도를 참된 믿음으로 자기의 것으로 소유하는 동시에 그리스도 안에서 구원에 필요한 모든 것을 가지든지 둘 중 하나입니다.

사도신경 전체를 통해 우리의 영원한 구원에 필요한 모든 것이 예수 그리스도 안에 있음과 그분이 우리 구원에 필수적인 모든 것을 완전히 성취하신 분으로서 부분적인 구세주 예수가 아니라 완전한 구세주 예수이심이 드러났습니다. 그러므로 참된 믿음으로 그리스도께 접붙여진 사람은 그 안에서 구원에 필요한 모든 것을 가진 것입니다.

믿음을 통하여 그리스도로부터 받는 유익 중에서 으뜸되는 것은 무엇입니까?

첫째로는 그 어떤 행위의 공로도 없이 믿음을 통하여 하나님 앞에서 의롭게 되는 것입니다. 둘째는 아무런 공로 없이 은혜로 말미암아 거듭남 혹은 새롭게 함을 받아, 그리스도 안에서 선한 일을 위하여 새로 지으심을 받았으니, 이는 그 어떤 공로를 세우기 위해서가 아니라, 하나님의 말씀이 에베소서 2장에서 증거하는 대로, 하나님께 드리는 감사를 표현하기 위한 것입니다. 누가복음 1장 72-79절까지의 말씀도 참고하십시오.

믿음으로 그리스도로부터 얻는 이러한 유익들 중에서 첫 번째라고 할 수 있는 이신칭의로부터 시작하고 싶습니다. 행위를 통하여 하나님 앞에서 의롭게 되는 것은 무엇을 의미하는 것이며, 믿음으로 값없이 의롭게 되는 것이 무엇을 의미하는 것인지를 말씀해 주십시오.

베드로전서 1장과 시편 15편 말씀에 따라서 하나님과 함께 거하려는 사람은 누구든지 흠 없고 의로워야만 합니다. 그래서 사람이 행위를 통하여 하나님 앞에 의롭게 되려면, 거룩과 의로움이 본성과 삶과 생각과 말과 행동에 있어서 하나님의 제어를 받을 필요가 없어야 하고, 평생 하나님의 계명을 하나라도 어겨 죄를 범했다고 고발을 당하지 말아야 하며, 내재하는 그 어떤 죄에도 빌미를 주지 말아야 합니다. 하지만 하나라도 죄를 범하기만 하면, 더 이상 행위로 의롭다고 할 수 없게 됩니다. 이미 하나님은 친히 다음과 같은 판결을 내리셨습니다. "무릇 율법 행위에 속한 자들은 저주 아래에 있나니 기록된 바 누구든지 율법 책에 기록된 대로 모든 일을 항상 행하지 아니하는 자는 저주 아래에 있는 자라 하였음이라."

반면, 로마서 7장 24절과 누가복음 18장 11절 말씀처럼, 위선을 통해 자신을 속이기로 결심하지 않는 이상, 사람이라면 누구나 자기 자신에게서 죄로 인한 많은 절망과 비참함을 보게 됩니다. 그렇게 보는 사람은 하나님이 그리스도 안에서 단번에 죄와 불의함을 벌하셨음을 믿으며, 하나님이 그분의 아들 그리스도로부터 죗값을 받으셨다는 것을 믿고, 따라서 히브리서 9장 말씀처럼 하나님이 우리로부터 영원토록 그리스도가 치르신 값 외에 그 어떤 죗값도 치르기를 요구하지 않으신다는 사실을 믿는 믿음으로 말미암아 의롭게 됩니다. 그리스도는 우리를 위해 성부 하나님께 순종하시되 십자가에 죽기까지 순종하셨습니다. 그리스도의 순종하심은 마치 신자들이 모든 고난을 직접 받고, 몸과 영혼으로 그리스도께서 행하신 그 순종을 성취한 것처럼 값없이 그리고 은혜롭게 각 신자들에게 주어졌으니, 이러한 순종하심만이 신자의 중심을 완벽하게 하나님 앞에서 의롭게 만들 수 있는 것입니다. 이는 "한 사람이 순종하지 아니함으로 많은 사람이 죄인 된 것같이 한 사람이 순종하심으로 많은 사람이 의인이 되리라"고 말씀한 로마서 5장과 같습니다. 또한, "한 사람이 모든 사람을 대신하여 죽었은즉 모든 사람이 죽은 것이라...하나님이 죄를 알지도 못하신 이를 우리를 대신하여 죄로 삼으신 것은 우리로 하여금 그 안에서 하나님의 의가 되게 하려 하심이라"고 했던 말씀과도 같습니다. 의로우신 그리스도께서 죄인이 되신 것처럼, 죄인인 우리들이 의롭게 되는 것입니다. 하지만 그리스도는 죄가 있어서 죄인이 되고 십자가에서 죄가 된 것이 아니라, 다른 사람들의 죄를 친히 짊어지고 그 죄를 위한 희생제물이 된 것입니다. 이와 같은 원리로 우리는 우리 속에 하나님의 심판을 견딜만한 그 어떤 의로움이 있어서 하나님 앞에서 의롭게 되는 것이 아닙니다. 만약 그렇다면 그리스도께서 헛되이 죽으셨을 것입니다. 오히려 그리스도께서 고난을 받으시고 죽으심으로 우리를 위해 획득하신 의가, 그분이 우리에게 믿음을 주실 때 우리에게 값없이 은혜로 주어져서 우리의 것이 되기 때문에 의롭게 되는 것입니다.

그러므로 성경이 말하는 이신칭의는 우리의 대단한 경건함이 우리를 죄 없이 만들었다는 의미를 내포하지 않습니다. 이는 요한일서 1장이 "만일 우리가 죄가 없다고 말하면 스스로 속이고 또 진리가 우리 속에 있지 아니할 것이요"라고 말씀하기 때문입니다. 이신칭의란 우리가 저질렀으며 여전히 우리와 결부된 모든 죄에 대하여, 하나님의 법정에서 죄가 면제되고 무죄하다는 선언을 받는 것을 의미합니다. 이는 요한일서 1장 말씀에 따라 죄가 없다고 할 수 없는 우리에게서는 찾을 수 없는 생소한 의로 인한 것입니다. 이것은 우리에게 믿음으로 말미암아 값없이 선물처럼 우리에게 전가됩니다. 이것이야말로 성경에서 자주 말씀하는 방식입니다. 예를 들어 로마서 8장은 "누가 능히 하나님께서 택하신 자들을 고발(송사)하리요 의롭다 하신 이는 하나님이시니"라고 말씀하는데, 이때 "의롭다 하신"이라는 말이 "고발"이라는 말과 대조를 이루고 있습니다. 하나님은 신자들을 의롭다 하시고 마귀가 그들에 대해 송사하는 모든 것을 그리스도 덕분에 무죄하다고 여기신다는 것은 이어지는 성경 구절에도 나옵니다. "누가 정죄하리요 죽으실 뿐 아니라 다시 살아나신 이는 그리스도 예수시니." 이 점에 대해서는 잠언 17장에서도 명확하게 볼 수 있습니다. "악인을 의롭다 하고 의인을 악하다 하는 이 두 사람은 다 여호와께 미움을 받느니라." 확실한 것은 재판장이 경건하지 않은 사람을 실제로 의롭고 경건하게 만들 수 있다면, 그것은 좋은 일이며 하나님 앞에서 미움을 받을 일이 아니지만, 재판장이 경건하지 못한 사람을 의롭고 경건하며 흠이 없다고 선언하고 그를 그렇게 간주한다면, 혹은 경건한 사람을 불경하다고 여기며 그를 그렇게 판결한다면, 하나님 앞에서 미움을 받을 일이라고 솔로몬은 말하는 것입니다. 이는 사도 바울을 통하여 하나님이 말씀하신 것에서도 볼 수 있습니다. 로마서 4장에 보면, "일을 아니할지라도 경건하지 아니한 자를 의롭다 하시는 이를 믿는 자에게는 그의 믿음을 의로 여기시나니"라고 하는데, 이는 경건하지 않은 사람을, 그 자신으로 말미암지 않고 그리스도 안에 있는 그 생소한 의로 말미암아 의롭다고 하나님이 선언하신다는 말입니다. 성경은 이 사람을 그리스도를 통해 칭의를 받아야만 할 경건하지 않은 사람이라고 부릅니다. 이러한 이유로 다윗도, 요한일서 1장 말씀처럼 우리 중에 죄 없는 사람은 없으므로 죄 없는 사람들을 복이 있다고 하지 않고, 평생 죄가 있어서 죄를 대적하여 싸워야만 하지만 그 불의를 하나님께서 용서해주시고 그리스도의 순종으로 인하여 그 죄가 가리움을 받은 사람들이야말로 복이 있다고 한 것입니다. 바울은 다윗의 이 진술을 우리가 방금 언급했던 로마서 4장에서 인용하고 있습니다.

믿음이란 것이 너무 대단한 미덕이어서 우리의 믿음 때문에 하나님에 의하여 의롭다고 선포된다는 뜻으로 이신칭의를 이해해도 됩니까?

안됩니다. 만약 그렇다면 믿음이 그리스도를 대체할 것입니다. 예레미야 9장과 고린도전서 1장 말씀처럼, 그리스도야말로 "하나님으로부터 나와서 우리에게 지혜와 의로움과 거룩함과 구원함이 되셨으니 기록된 바 자랑하는 자는 주 안에서 자랑하라 함과 같게 하려 함"입니다. 그러므로 십자가에 달리신 그리스도만이 우리의 완전한 의로움입니다. 우리는 이신칭의를 이해할 때, 우리의 의로움이 되시고 우리를 그분의 자녀로 삼으신 예수 그리스도를 믿음으로 말미암아 받아들이는 것이라고 이해합니다. 사도 요한이 요한복음 1장에서 말씀하는 것처럼, "영접하는 자 곧 그 이름을 믿는 자들에게는 하나님의 자녀가 되는 권세를 주셨"습니다. 그러므로 믿음은 미리 약속된 분이시며 이제 우리에게 영원한 의를 주시는 분이신 그리스도 위에 그 기반을 두고 있습니다. 이사야 53장은 "나의 의로운 종(그리스도)이 자기 지식으로 많은 사람을 의롭게 하며"라고 말씀한 후에, 거기에는 "그들의 죄악을 친히 담당"하려는 이유가 있었다고 바로 덧붙입니다. 다니엘 9장, 사도행전 13장 28절과 39절, 누가복음 18장 13절 말씀도 참고하십시오.

161

그리스도께서 죽음을 당하지 않으셨어도 우리가 구속을 받을 수 있었을까요?

불가능했을 것입니다. 왜냐하면, 요한복음 3장에 "모세가 광야에서 뱀을 든 것 같이 인자도 들려야 하리니 이는 그를 믿는 자마다 영생을 얻게 하려 하심이니라"고 말씀했기 때문입니다. 그리스도께서도 또한 "자기 목숨을 많은 사람의 대속물로 주려 함이니라"고 말씀하셨습니다.

162

우리에게 의로 여겨진 그 은사라는 것은 무엇입니까?

로마서 5장, 고린도후서 5장, 이사야 53장, 골로새서 2장, 베드로전서 1장, 히브리서 10장 말씀에 따라서 주 예수 그리스도의 고난 받으심과 죽음이라는 순종, 십자가에서의 희생제사가 바로 그 은사입니다. 그리스도의 죽음이라는 순종하심은 우리에게 값없이 주어지고 우리의 것으로 여겨짐으로써, 이제부터 하나님 앞에서 우리 자신의 의로움인 것처럼 여겨지게 됩니다.

163

십자가에서의 예수 그리스도의 희생제사를 믿는 믿음이, 죄로 인한 모든 고발과 하나님 재판자리 앞에서 악한 자의 고발에 대해서도 완전한 칭의 혹은 사면을 가져온다면, 칭의는 몇 개의 부분들로 구성되어 있습니까?

온전한 칭의라는 것은, 우리 죄를 위해 희생제물이 되신 주 그리스도의 순종으로 구성되어 있습니다. 하지만, 양심과 악한 자가 우리를 세 방면에서 고발하려고 하기 때문에, 그 고발에 맞서서 준비된, 우리 자신으로 말미암지 않고 그리스도의 희생제사로 말미암은 해독제도 세 가지가 있습니다. 이는 우리의 의로움이 되신 분, 믿음으로 말미암아 우리가 그분의 지체가 되는 분, 즉 십자가에 달리신 그리스도보다 더 확실하게 우리의 소유가 되는 것이 없도록 하기 위함입니다.

우리 양심과 악한 자에 의해 제기되는 첫 번째 고발은 무엇입니까?

우리가 구원받을 자격이 없고 영원한 정죄를 받아 마땅하다는 것을 증명하기 위해 양심과 악한 자는 하나님이 공의로우시며 모든 경건하지 않은 것을 싫어하시므로 반드시 영원한 사망으로 죄를 벌하실 것이라고 우리를 고발합니다. 우리 양심은 우리의 죄악이 셀 수 없이 많다는 것을 깨닫게 합니다. 그러므로 양심의 말에 따르면, 하나님이 그분의 의로우심에 따라 영원한 정죄로 우리를 벌하실 것이라는 결론에 도달하게 됩니다.

165

양심과 악한 자의 이러한 고발에 직면했을 때 우리가 "악한 자여, 너는 하나님이 공의로우셔서 죄인들을 벌하신다고 말하지만, 나는 그 사실을 신경쓰지 않고 오직 하나님이 자비로우시다는 사실에만 초점을 맞추겠다"고 답변을 한다면 어떻게 되겠습니까?

그러한 답변으로는 양심을 참으로 진정시킬 수 없고, 악한 자의 고발을 막을 수도 없습니다. 왜냐하면, 비록 하나님은 자비로우시지만, 동시에 분명 공의로우시기에 자신의 본질 중 하나인 의로움을 부인함으로써 그분 자신의 본질을 부인할 수는 없으시기 때문입니다. 실로 하나님은 매일 저질러지는 수천의 죄악 중 하나라도 그냥 넘어가실 수 없고, 처벌하셔야만 할 정도로 공의로우신 분이십니다. 이는 그리스도께서 친히 마태복음 12장에서 "사람이 무슨 무익한 말을 하든지 심판 날에 이에 대하여 심문을 받으리니"라고 말씀하신 것과 같습니다. 이것은 하나님이 자비로우시다는 사실 만큼이나 참된 사실입니다. 이 시점에 이르면 우리 중 많은 이들이 교황주의자들처럼 성인들의 공로를 붙잡으려고 하지만, 그것은 조금도 우리에게 도움이 되지 못합니다. 그들은 우리의 죗값은 고사하고 자신들의 죗값도 치르지 못한다고 스스로 고백합니다. 욥기 9장에서 욥은 "사람이 (욥은 그처럼 거룩한 사람이었던 자기 자신도 여기에 포함시키고 있습니다) 하나님께 변론하기를 좋아할지라도 (하나님이 하신 일과 하지 않으신 일에 대해서) 천 마디에 한 마디도 대답하지 못하리라"고 말합니다. 성인이었던 다윗 역시 비슷한 투로 말합니다. "여호와여 주의 종에게 심판을 행치 마소서…" 로마서 3장과 이사야 64장도 참고하십시오.

그렇다면 우리 양심과 악한 자의 첫 번째 고발에 우리는 무엇이라
고 대답해야 합니까?

다음과 같이 대답하십시오. 악한 자가 하는 이러한 고발의 토
대와 근거는 하나님의 변치 않는 의로움입니다. 그 의로움은 지극히
높으신 분을 거슬러 저질러진 죄가 몸과 영혼에 가해지는 영원한 벌
이라는 최고형으로 처벌되어야 한다는 것을 요구한다는 점은 인정합
니다. 하지만 하나님의 변하지 않는 의로우심에 더하여, 동시에 하
나님이 완벽하게 공의로우신 분이라는 속성이 있다는 것도 인정해야
합니다. 그분의 완벽한 의로움은 동일한 빚의 대가가 중복되어 지불
되는 것을 요구하실 수 없습니다. 이 두 가지가 서로 분리될 수 없고
떨어질 수도 없는 것입니다.

둘째, 나의 양심이 나에게 수없이 많은 죄를 지었다고 말하는
것이 사실이지만, 그리스도가 나의 수없이 많은 죄로 인해 형벌을 당
하심으로써 나를 위해 하나님의 공의로운 심판을 만족시키셨다는 것
도 그에 못지않게 사실입니다(그런데 악한 자는 이 점을 빠뜨립니다). 이는
"하나님이 죄를 알지도 못하신 이를 우리를 대신하여 죄로 삼으신 것
은(즉 말하자면 죄를 위한 희생제물이 되신 것은) 우리로 하여금 그 안에서 하
나님의 의가 되게 하려 하심이라"고 하신 고린도후서 5장 말씀과 같
습니다. 마찬가지로 로마서 5장은 "그리스도께서 경건하지 않은 자

를 위하여 죽으셨다"고 합니다. "의인으로서 불의한 자를 대신하셨다"는 말씀도 참고하십시오.

　　진실로 그리스도께서 정죄하러 오신 것이 아니라 구원하러 오셨다는 것은, 사도행전 2장 말씀에 따라 그리스도를 십자가에 못 박은 이들조차도 믿음으로 말미암아 죄를 용서받는다는 사실을 통하여 자명해집니다. 인간적인 관점에서 본다면, 그리스도를 십자가에 못 박은 이들보다 더 정당한 정죄를 받아야 할 이들이 어디 있겠습니까? 그래서 그리스도는 그분의 고난 받으심을 통하여 그분을 대적하여 저질러졌고 그분이 고난을 받도록 한 죄들, 즉 그리스도의 지체를 박해함으로써 그리스도를 박해한 바울의 죄와 같은 그런 죄의 값조차도 지불하신 것입니다. "미쁘다 모든 사람이 받을 만한 이 말이여 그리스도 예수께서 죄인을 구원하시려고 세상에 임하셨다 하였도다 죄인 중에 내가 괴수니라 그러나 내가 긍휼을 입은 까닭은 예수 그리스도께서 내게 먼저 일체 오래 참으심을 보이사 후에 주를 믿어 영생 얻는 자들에게 본이 되게 하려 하심이라"고 한 바울의 말이야말로, 얼마나 아름다운 고백이며 위로를 주는 가르침입니까!

　　그러므로 악한 자가 나를 고발할 때 하나님의 변하지 않는 의로움을 이용하지만, 나는 그로부터 정반대의 결론을 도출합니다. 하나님께서는 공의로우시고, 또한 그분의 의로움에는 두 가지 속성, 즉 죄를 벌하실 뿐만 아니라, 일단 죄에 대한 형벌과 죗값 지불이 이루어지면 더 이상의 값을 요구하지 않으신다는 요소가 같이 있다는 사실에는 의심의 여지가 없습니다. 하나님께서는 하나님의 아들 그리스도의 고난 받으심을 통해 나의 죄를 완전히 벌하셨고 그 값을 남김 없이 지불하셨기 때문에, 하나님은 공의로우사 그분의 의로움에 있 는 두 가지 속성을 따라 나를 정죄하지 않으시고 내 모든 죄를 사면 하실 것입니다. 하늘로부터 온 좋은 소식, 즉 복음과 믿음을 통하여, 하나님은 이미 나를 사면하셨으며, 복음에 따라 나를 정죄하지 않고 그날에 나를 사면하실 것입니다.

　　요약하면, 하나님은 참으로 공의로우셔서, 단 하나의 죄, 단 하나의 무익한 말, 단 하나의 악한 생각도 그냥 넘어가지 않으시고, 그로 인해 우리를 처벌하시든지 그리스도를 처벌하시든지 하십니다. 만약 그리스도가 그것을 경험하지 않으셨다면, 우리는 영원토록 그 형벌을 받아야 했을 것입니다. 하지만, 그리스도께서 우리 죄로 인해 "나의 하나님 나의 하나님 어찌하여 나를 버리셨나이까"라고 할 정도 의 극한 형벌을 받으셨으므로, 우리는 그러한 형벌을 경험하지 않을 것이며 하나님의 심판 자리 앞에서 단 하나의 죄도 해명할 필요가 사 라진 것입니다. "아들이 너희를 자유케 하면 너희가 참으로 자유하리 라"는 요한복음 8장 말씀처럼, 우리를 사면하실 분의 입으로 친히 말 씀하신 것은 그날에 바뀌지 않을 것이기에, 우리는 참으로 그리고 전 적으로 사면을 받을 것입니다. 요한복음 3장에서 "그를 믿는 자는 심 판(혹은 정죄)을 받지 아니하는 것이요"라고 하신 말씀도 참고하십시오.

우리 양심 및 악한 자의 두 번째 고발은 무엇입니까?

두 번째 고발을 요약하자면, 하나님 앞에서 의롭다는 선언을 받는 것과 우리가 그 어떤 악을 행하지 않았고 중보자에 의하여 그 악의 대가가 지불되었다고 듣는 것으로는 충분하지 않다는 것입니다. 하나님이 우리를 그분의 형상으로 창조하셨을 때 우리는 하나님께서 우리에게 율법으로 요구하시는 모든 선을 행할 의무를 갖게 되고 그에 따라 구속을 받게 됩니다. 그리하여, 하나님의 심판 자리 앞으로 그분이 우리에게 행하라고 명하신 모든 선을 가져오든지, 아니면 율법의 영원한 저주에 처하든지 둘 중 하나일 수 밖에 없다는 것이 그 이 고발의 골자입니다.

168

이러한 고발에 대항하여, 믿음은 그리스도의 희생제사로부터 어떠한 해독제를 찾아냅니까?

그 해독제는 바로 예수 그리스도의 자발적인 순종, 즉 그분의 완전한 하나님 사랑과 이웃 사랑으로부터 기원되고 전개된 바로 그 희생제사입니다. 죽음의 고난을 받은 그분은 사실 율법을 완벽하게 지켰고, 따라서 죽음에 처할 필요가 없는 분이셨습니다. 그분의 죽음이야말로 내가 행한 악에 대한 완전한 대가 지불일 뿐만 아니라, 내가 했어야만 했으나 실패한 선의 대가 역시 지불한 것입니다. 그리고 빌립보서 2장과 로마서 5장과 갈라디아서 3장과 4장, 그리고 요한일서 1장의 말씀대로, 그리스도의 죽기까지 순종하신 그 순종으로 인해 내가 행하지 못한 선이라는 죄도 지워지고 그 대가가 지불된 것입니다.

그렇다면 하나님의 재판 자리 앞에서 사탄의 이러한 고발에 응수할 때, 일부는 그리스도의 고난 받으심과 죽으심에서 온 의로움을 사용하여 응수하고, 일부는 우리의 선행을 통하여 응수한다면 어떻게 되겠습니까?

그렇게 한다면, 하나님의 영예와 우리 양심에 큰 위해를 초래하게 될 것입니다. 무엇보다도, 그리스도의 고난과 죽으심을 통하여 획득하신 그 의로움에 우리의 행위를 아무리 적은 양이라도 더하게 된다면, 우리가 여전히 스스로 자랑할 이유를 남기는 것이 됩니다. 하지만 믿음은, 로마서 3장과 4장, 예레미야 9장, 고린도전서 1장 말씀처럼, 우리의 모든 자랑을 확실하고 완전히 제거하며, 오직 그리스도께만 자랑의 이유를 돌립니다. 그러므로 우리는 크든지 작든지 우리 행위의 한 조각이라도 예수 그리스도의 순종이나 의로움에 더해서는 안 됩니다. 그렇지 않다면, 믿음이 하나님의 재판정 앞에서 그리스도의 의를 상정할 때, 마치 그것이 그 자체로는 완전하지 않고, 우리가 그것에 무엇인가 보충할 필요가 있기라도 한 것처럼 할 것입니다. 이것이 바로 거룩한 사도 바울이 빌립보서 3장에서 "그러나 무엇이든지 내게 유익하던 것을 내가 그리스도를 위하여 다 해로 여길 뿐더러 또한 모든 것을 해로 여김은 내 주 그리스도 예수를 아는 지식이 가장 고상하기 때문이라 내가 그를 위하여 모든 것을 잃어버리고 배설물로 여김은 그리스도를 얻고 그 안에서 발견되려 함이니 내가 가진 의는 율법에서 난 것이 아니요 오직 그리스도를 믿음으로 말미암은 것이니 곧 믿음으로 하나님께로부터 난 의라 내가 그리스도와 그 부활의 권능과 그 고난에 참여함을 알고자 하여 그의 죽으심을 본받아 어떻게 해서든지 죽은 자 가운데서 부활에 이르려 하노니"라고 할 때 가르치는 것입니다.

둘째, 우리가 그리스도의 공로에 우리의 의를 섞게 되면, 우리는 양심의 평화를 얻을 수 없을 것입니다. 신자의 순종과 선행은 여전히 육체의 때로 점철되어 있으며, 따라서 불완전합니다. 그들의 선행에는 죄된 요소들이 많이 들러붙어 있습니다. 그래서 만약 그들의 의가 하나님의 심판 자리 앞에 상정된다면, 그들은 반드시 하나님이 그분의 말씀인 갈라디아서 3장에서 이미 내리신 "누구든지 율법 책에 기록된 대로 모든 일을 항상 행하지 아니하는 자는 저주 아래에 있는 자라 하였음이라"는 판결에 처할 수밖에 없을 것입니다. 그러므로 우리가 만약 우리의 행위를 부분적으로나 혹은 아주 조금이라도 의지한다면, 우리 양심은 하나님 앞에서 우리가 칭의되었다는 것과 주님의 존전에 설 수 있다는 점에 대해서 확신하면서 평화를 누리지 못할 것입니다. 오히려 우리의 행위는 우리가 확실히 정죄당할 것만 확인시켜 줄 것입니다. "무릇 율법 행위에 속한 자들(즉, 하나님 앞에서 전적으로 혹은 부분적으로 자기들의 행위를 통하여 칭의되었다고 믿는 이들)은 저주 아래 있나니"라고 성경은 말씀합니다. 그러므로 바울은 로마서 4장에서, 우리는 "그 약속을 그 모든 후손에게 굳게" 하시기 위해 믿음으로 말미암아 값없이 칭의되었다고 말씀합니다.

그렇다면 칭의 교리를 전체적으로 볼 때 우리가 초점을 맞추어야 할 두 가지 목표가 있다고 하겠습니다. 첫째는 로마서 3장과 4장 말씀처럼 우리를 의롭다 하심으로 인하여 하나님께만 영광이 돌려져야 한다는 목표입니다. 로마서 4장 말씀처럼, 아브라함과 같이 가장 위대한 성인이라고 하더라도 자랑할 것이 있을 수 없습니다. 그리고 둘째는 우리 양심이 평화를 누리고 견고해져야만 한다는 목표입니다. 전적이든 부분적이든, 그리스도께서 우리를 위하여 획득하시고 우리에게 값없이 주신 그 의로움에 우리의 행위를 더하게 되면, 칭의의 이와 같은 두 가지 목표가 변질되게 됩니다. 그렇다면 우리는 그리스도께서 우리를 위해 죽으심이라는 희생을 치르고 획득하신 그 완전한 의를 그대로 두는 것만이 옳은 길입니다. 그렇게 해야만 그리스도로부터 영광을 도둑질하지 않고 평화롭고 고요한 양심을 가지게 될 것입니다. 믿음으로 말미암아 값없이 우리의 것이 되도록 주어진 그리스도의 완벽하고 영원한 의로움에는, 하나님의 심판 자리 앞에서도 그 어떤 부족함이 있을 수 없습니다. 우리가 이 의로움을 참된 신뢰로 붙잡는다면 우리는 아무것도 걱정할 것이 없게 됩니다.

170

그렇다면 선행이 쓸모없다는 말씀입니까?

선행은 전적으로든 부분적으로든 우리를 하나님 앞에서 의롭게 할 수 없습니다. 하지만, 그리스도의 의로움이 전가됨으로 말미암아 값없이 그리고 은혜로이 칭의가 된 후에, 주 하나님에 대한 감사를 선행으로 표현함으로써, 하나님이 우리를 통해 찬양을 받으시도록 하려는 목적을 달성하는 일에는 쓸모가 있습니다. 이것이야말로 사가랴가 누가복음 1장에서 "우리가 원수의 손에서 건지심을 받고 종신토록 주의 앞에서 성결과 의로 두려움이 없이 섬기게 하리라 하셨도다"라고 가르친 것과 같이, 우리가 원래 창조되고 구속함을 받은 이유입니다. 선행은 또한 믿음의 열매로서 그로 말미암아 우리가 위선적이지 않은 참된 신앙을 가졌다는 것을 확증할 수 있기 때문에 쓸모가 있습니다. 셋째로, 우리의 선행이라는 모범을 통해 우리는 다른 이들을 그리스도께 인도하고, 이미 인도한 이들 역시 떨어지지 않도록 보존하며, 그리스도께 붙어 있을수록 선행으로 덕을 더 많이 세우게 된다는 점에서, 선행은 쓸모가 있다고 하겠습니다.

우리 양심과 악한 자의 마지막 고발사항은 무엇입니까?

우리가 행함으로나 행하지 않음으로 지은 죄들을 그리스도 안에서 속죄받았다는 사실로부터 우리가 위로를 받을지라도, 여전히 육체에 붙은 죄의 찌꺼기가 내재하고 있다는 것으로 우리를 고발합니다. 하나님은 매우 거룩하시고 의로우셔서 그분의 존전에 더러운 것을 전혀 용납하실 수 없으시기에, 하나님은 그분의 존전으로부터 우리를 부정하고 더러운 이들과 같이 쫓아내실 것이라는 결론에 필연적으로 도달한다는 것입니다.

이것은 그야말로 심각한 영적 시험으로서, 가장 거룩한 신자들이라도 이생에서 매일같이 육체가 성령을 거슬러 싸우는 것을 통하여 경험하는 일입니다. 심지어 거룩한 바울조차도 로마서 7장에서 공개적으로 "내가 원하는 바 선은 행하지 아니하고 도리어 원하지 아니하는 바 악을 행하는도다"라고 고백했습니다. 그렇다면, 믿음이 과연 그리스도의 희생제사로부터, 이와 같은 사탄의 고발에 맞서서 우리를 의롭다고 사면해줄 수 있는 확실한 해독제를 찾아낼 수 있을지를 살펴봅시다.

그리스도 안에서 믿음은, 이와 같은 내면의 싸움을 경험한 모든 신자들이 바울처럼 "만일 내가 원하지 아니하는 그것을 하면 이를 행하는 자는 내가 아니요 내 속에 거하는 죄니라"고 참으로 대답할 수 있는, 그러한 고발사항에 대한 확실한 해독제를 가지고 있습니다. 이 싸움은 그리스도인을 괴롭게 하기보다는 오히려 그에게 위로를 주는 것이어야만 하는데, 왜냐하면 그것이야말로 성령을 받아 하나님의 자녀가 되었다는 명확한 표시이기 때문입니다. 이는 혈과 육과 자아가 죄를 대적하지도 않을뿐더러, 어떻게 죄를 대적해야 하는지에 대해서도 가르치지 않기 때문입니다. 하지만 하나님은 로마서 7장과 8장 말씀처럼 성령을 통하여 그것을 계시하시고 행하심으로 말미암아 죄를 대적하도록 하십니다.

173

> 하나님은 완전히 순결하고 거룩하시지만, 우리는 몸과 영혼이 평생 여전히 많은 면에서 더럽혀진 상태에 있습니다. 그렇다면 우리 양심과 악한 자의 세 번째 고발사항인, 원죄의 잔여물과 오염이 계속해서 우리 육체, 즉 몸과 영혼에 붙어 있어 하나님의 존전에서 쫓겨날 수밖에 없다는 점에 대하여 우리는 무엇이라고 대답해야 합니까?

우리를 위해 십자가에서 죽으신 제물되신 예수님께서는 성령에 의하여 잉태되어 영원한 성자 하나님의 한 인격 안에 연합되었습니다. 그리스도 인성의 이러한 순결한 잉태는 그분 신성의 가치있음과 더불어 그분의 희생제사에 대단한 값어치와 가치를 선사했습니다. 그렇기에, 그분의 순결한 몸을 죽음에 내어주심으로 그리스도께서 나의 원죄의 값을 완전히 치르셨을 뿐 아니라, 원죄의 잔여물과 오염에 대한 값도 모두 치르셨음을 전혀 의심하지 않습니다. 왜 이러한 희생제사가 "세상 죄를 지고 가는 하나님의 어린양"이라고 불렸겠습니까? 왜 사도 베드로는 베드로전서 1장에서 우리가 구속함을 받은 것이 "흠 없고 점 없는 어린양 같은 그리스도의 피"로 말미암은 것이라고 말씀했겠습니까? 제사로 바쳐질 죄 없고 점 없는 어린양이라는 은유법이 우리에게 고난을 받으시고 죽으신 그리스도의 순결한 무죄성을 보이기 위하여 사용되었겠습니까? 그것은 바로 히브리서 7장과 고린도전서 1장 말씀처럼, 우리의 모든 본래적 불순함과 죄책이 이처럼 완전히 거룩하고 순결한 희생제사로 말미암아 완전히 처벌되고 죄의 값이 지불되었다는 사실을, 성령으로 말미암아 마침내 완전히 제거되기까지 우리로 확신하도록 하기 위함입니다.

174

하지만 우리의 양심과 악한 자가 반론을 제기하며, 우리의 죄가 많고 중하여 하나님의 진노를 견딜 수 없다고 할 때에는, 그것이 어떻게 가능하겠습니까?

바울이 "죄가 더한 곳에 은혜가 더욱 넘쳤나니"라고 가르치는 것처럼, 그리스도의 고난 받으심과 죽으심이라는 순종이 우리의 죄보다 훨씬 크다는 것을 주장함으로써 응수하겠습니다. 이는 성경 사도행전 20장이 "하나님께서 자기 피로 사신 교회"라고 말씀하듯이, 그리스도 인격의 통일성 속에서 취하신 인성으로 말미암아 고난을 받으신 분이 바로 하나님 자신이시기 때문입니다. 본래 성부 하나님과 본질 및 영원으로부터의 영광에 있어서 동등하신 하나님의 영원한 아들께서 종의 형체를 취하시기까지, 즉 우리의 약한 성질까지도 죄만 제외하고는 그대로 가져오실 정도로 자신을 겸손하게 낮추어 성부 하나님께 죽기까지 복종하셔서 십자가에서 죽으셨습니다. 이 그리스도라는 인격체의 존귀함은 그분의 겸손과 복종이 모든 천사와 피조물의 순종을 능가할 정도로 탁월합니다. 그리스도의 이러한 복종이나 의로움은 신자 각 사람에게 전가되어 그들로 그리스도의 것이 되도록 하여 죄 밖에 없던 그들이 그리스도 안에서 넘치는 의를 가지도록 합니다. 실로 그리스도인은 고린도전서 1장과 로마서 5장 말씀에 따라서 천사의 모든 의를 능가하는 그리스도의 의가 자신의 것이 되도록 의의 전가를 받은 사람이기에 천사보다 더 나은 의를 가지고 있는 것입니다.

예수 그리스도의 희생제사를 통해 우리는 우리 양심과 악한 자의 모든 고발을 무력화시킬 수 있는 확실한 해독제를 갖게 되었습니다. 죄가 더한 곳에 더욱 넘치는 은혜가 그것입니다. 그리스도를 믿는 믿음을 통하여 우리는 모든 고발로부터 완전한 사면을 받았습니다. 그렇다면 그리스도의 의를 나의 것으로 받아들여야만 하는 이유의 원인과 근거는 무엇입니까?

그 원인은 바로 믿음이라는 끈과 더불어, 모든 신자를 뜻하는 교회와 그리스도의 영적 혼인입니다. 이러한 끈과 혼인은, 그분이 우리 죄와 비참함을 친히 담당하신 것과 그분과 함께 모든 것을 공유하도록 하신 것으로 구성되어 있습니다. 이는 우리가 믿음으로 말미암아 그분에게 접붙임을 받아 그분의 살 중의 살이요 **뼈** 중의 **뼈**가 되었기 때문입니다. 우리는 진실로 그분의 몸이 되었습니다. 많은 성경 구절이 이에 대해서 증거하고 있습니다. 주님께서 호세아 2장에서 "내가 네게 장가들어 영원히 살되 공의와 정의와(즉, 내가 너를 의로움으로 보호하고 너를 박해하는 자들에게는 공의로 벌을 주겠다는 뜻) 은총과 긍휼히 여김으로 네게 장가들며 진실함으로 네게 장가들리니 네가 여호와를 알리라"고 하신 말씀과 이사야 54장 말씀을 함께 보십시오.

그 다음으로는 그리스도와 함께 그분의 모든 보화와 유익이 우리의 것이 될 수 있다는 사실보다 더 확실한 것이 없다는 사실을 성령께서 증거하시는 에베소서 5장이 있습니다. "누구든지 언제나 자기 육체를 미워하지 않고 오직 양육하여 보호하기를 그리스도께서 교회에게 함과 같이 하나니 우리는 그 몸의 지체임이라"고 말씀하신 후에, 성령께서는 "이 비밀이 크도다 나는 그리스도와 교회에 대하여 말하노라"고 말씀하십니다. 이것이 바로 사도 바울이 고린도전서 12장에서 "몸은 하나인데 많은 지체가 있고 몸의 지체가 많으나 한 몸임과 같이"라고 하면서 이어서 "그리스도도 그러하니라"고 말씀한 이유이기도 합니다. 거기서 사도 바울은 그리스도라는 이름을 머리이신 그리스도와 그분의 지체들인 모든 신자들과의 총합을 일컫는 말로 쓰고 있는데, 왜냐하면 그리스도는 무엇으로도 그들을 분리하고 싶지 않기 때문입니다. 그러므로 우리의 몸이 아파서 누워있을 때, "그리스도의 몸이 아파서 누워 있다"고 말할 수 있는데, 왜냐하면 그리스도와의 강력한 끈이 믿음으로 말미암아 존재하기 때문입니다. 그리스도께서도 최후 심판 시에 "내가 병들었을 때, 내가 주릴 때, 너희가 나를 찾아오지 않고 먹이지 않았다"고 친히 말씀하실 것입니다. 이것은 강력하고 영원한 끈이 틀림없는데, 왜냐하면 그리스도께서 법적 용어를 사용하셔서 그것이 영원히 변하지 않고 남아 있을 것을 표현하셨기 때문입니다. 가지가 포도나무에 접붙임을 받고, 그 진액을 받으며, 그것으로부터 생명을 유지함과 같이, 신자들은 성령으로 말미암아 예수 그리스도와 한 몸을 이루고, 매일 매 순간 영생에 필요한 모든 것을 그분으로부터 믿음을 통하여 받습니다. 이는 포도나무이신 그리스도께서 아무것도 자기 자신을 위해 아끼지 않으시기 때문입니다. 그리스도는 이 모든 것을 요한복음 15장에서 참으로 아름답게 가르치십니다. 이렇듯 의심의 여지가 없는 성경 구절들로부터, 그리스도와 함께 그분의 모든 공로가 우리의 것이 될 수 있다는 사실이 어떻게 이해되어야 하는지 쉽게 알 수 있습니다. 또한 우리는 생소하고 의심스러운 소유를 통해서가 아니라, 이전에는 생소했으나 이제는 가장 확실하게 우리의 것인 그리스도 자신과 그분과 함께 오는 모든 유익들을 통해서, 이미 죄와 영원한 멸망으로부터 자유하고 무죄하며 깨끗하게 함을 받았다는 것을 알 수 있습니다. 이러한 사면은 복음의 소리, 즉 요한복음 5장에서 언급되는 그리스도의 목소리 혹은 그분의 말씀을 통하여 공포되었으며, 하나님의 재판 자리 앞에서도 선언될 것입니다. 왜냐하면 그분은 다른 방법이 아닌 오직 그분의 거룩한 복음에 따라 우리를 판단하실 것이기 때문입니다.

176

하지만 악한 자가 "이 모든 것은 신자에게만 적용되는 것인데, 네 믿음은 너무 약하다"라고 말한다면 어떻게 합니까?

누구든지 중심으로부터 믿으려는 열망이 있다면 사실 신자라는 말로 응수하겠습니다. 그리스도는 마태복음 5장에서 "의에 주리고 목마른 자는 복이 있나니 그들이 배부를 것임이요"라고 말씀하셨습니다. 이사야와 마태도 그리스도에 관하여 말하기를, 그리스도가 상한 갈대를 꺾어서는 안 되고 꺼져가는 심지를 끄면 안 된다는 명령을 성부 하나님으로부터 받았다고 합니다. 그리고 그리스도는 그 명령을 성실하게 수행하셨습니다. 나는 모든 불신을 대적하려는 진심 어린 열망이 있고, 나의 수다한 죄 위에 하나님 아들의 은혜를 거절하는 심각한 죄를 더하고 싶지 않습니다. 나는 성자 하나님을 믿고 신뢰하라는 하나님의 간절한 명령에 나 자신을 복종시키고 싶은 진심 어린 열망이 있습니다. 그러므로 나는 그와 같은 심정을 가지고 있는 사람들은 참된 신자이며 그리스도로부터 절대로 거절당하지 않을 것이라는 하나님 말씀의 증언에서 위로를 얻습니다. 마가복음 9장에서 그리스도는 자신의 약한 믿음을 깨닫고 "주여 내가 믿나이다 나의 믿음 없는 것을 도와주소서"라고 고백한 사람을 받아들여 주셨습니다. 믿음은 나의 일이 아니요 하나님이 내 속에서 하시는 일이므로, 내가 바라고 신뢰하기로는 참된 믿음의 시작을 나에게 주시고 의에 주리고 목마르도록 하신 그분께서 또한 끝까지 나에게 힘을 주시고 나를 강하게 하실 것입니다. 이는 하나님께서 "자기의 기쁘신 뜻을 위하여 너희에게 소원을 두고 행하게 하시나니"라고 약속하신 것과 같고, "하나님은 미쁘사 너희가 감당하지 못할 시험당함을 허락하지 아니하시고 시험당할 즈음에 또한 피할 길을 내사 너희로 능히 감당하게 하시느니라"고 약속하신 것과도 같습니다. 둘째로는, 이와 같은 영적 시련을 그리스도가 우리 안에서 일하심으로써 주시는 유익을 가지고 맞서 싸우며, 그 효력을 통해 우리는 이러한 효력의 원인과 기원, 즉 참된 믿음을 통해 그리스도를 가지고 있다는 결론에 도달해야 하겠습니다.

177

그렇다면, 우리가 그리스도로부터 받는 또 다른 유익에는 무엇이 있습니까?

그것은 바로 성령으로 새롭게 태어나는 것 혹은 갱신되는 것인데, 그것들은 그리스도가 그분의 선하심과 성령을 통하여 우리 안에서 역사하심으로써 일어나는 일들입니다. 이러한 새롭게 태어남이나 마음의 갱신에 관하여 그리스도께서 가져오시는 세 가지 효력을 고려해야 하며, 그로부터 우리는 믿음으로 말미암아 그리스도의 지체라는 결론에 도달할 수 있습니다. 우리 안에 역사하시는 그리스도의 첫 번째 효력은 바로 "우리 영과 더불어 우리가 하나님의 자녀임을 증거"하시는 성령 하나님의 내적 증거로서, 그것으로 인해 우리는 두려움의 멍에를 내려놓고 사도 바울이 로마서 8장에서 기록하듯이 "아빠 아버지"라고 부르짖게 됩니다. 마찬가지로 갈라디아서 4장도 "너희가 아들인고로 하나님께서 그 아들의 영을 너희 마음 가운데 보내사 아빠 아버지라 부르게 하셨느니라"고 했습니다.

우리 안에 역사하시며 그로 말미암아 우리를 거듭나게 하시는 그리스도의 두 번째 효력은 다음과 같습니다. 곧 우리가 내면의 죄성에 맞서 싸우고, 그리스도의 영의 은혜로 말미암아 점차적으로 그 죄성이 약해지다가 마침내 완전히 제거되도록 하기 위하여 옛 사람, 즉 부패한 죄성을 죽음에 넘기는 것입니다.

세 번째 효력은 성령으로 살리심을 받는 것이라고도 하는, 새 사람으로 살아나는 것입니다. 이것은 그리스도의 능력이 우리 속에 역사하도록 하기 위한 것이며, 이제로부터 우리의 생각이 새로운 생명으로 행하는 것을 즐거워하는 성향을 갖게 하기 위한 것입니다. 이처럼 우리 안에서 그리스도가 행하시는 세 가지 효력은 "거듭남"이라는 말로 요약할 수 있습니다. 왜냐하면, 그로 말미암아 사람이 변화되고 갱신되며, 에베소서 2장 말씀과 같이 영원한 생명에 들어가도록 새롭게 창조되기 때문입니다. 이것은 또한 "성화," "회심," 그리고 에베소서 4장이 말씀하는 "하나님을 따라 마음을 새롭게 함"과 같은 명칭으로도 불립니다. 그러므로, 이러한 세 가지 효력의 시작을 경험하고, 그 효력들이 지속되기를 전심으로 열망하는 사람은 누구든지 믿음이 있다는 내면의 확신을 가져야 하며, 그리스도와 그분의 모든 유익을 완전한 의로움과 구원에 이르도록 소유하게 되는 것입니다.

그러므로 신자라면 누구나 택함을 받은 사람이라고도 할 수 있습니다. 왜냐하면 모든 참된 신자들은 영원 전부터 영생에 들어가도록 택함을 입었다고, 베드로전서 1장 2절과 로마서 8장 28절 및 30절, 그리고 에베소서 1장 11절과 13절이 증거하기 때문입니다. 따라서 택함을 받았는지로 절망의 고통 속에 있을 때에는 하나님의 작정의 높이를 측정해보려는 생각을 가지도록 두어서는 안 됩니다. 그보다 모든 신자들은 은혜로 말미암아 영생으로 택함을 입었으며, 의에 주리고 목마른 사람은 곧 신자들이라는 사실을 약속하는 하나님의 말씀을 붙들어야 합니다. 그런 다음에는 우리가 우리 속에 그리스도의 그러한 효력을 가지고 있으므로 (아무리 그것이 우리에게는 약하게 보일지라도) 그 효력의 원인이 되는, 믿음으로 말미암은 그리스도 역시 가지고 있다는 결론에 도달하기 위해 그리스도의 세 가지 효력을 계단처럼 사용할 수 있습니다. 로마서 8장에 따라 믿음은 하나님의 택함을 받는 이들에게만 주어지는 것이기에, 우리에게 그러한 믿음이 있다면 우리는 또한 택함을 받은 사람입니다.

178

> 우리 속에 있는 그리스도의 효력을 설명해 주시되, 우리가 육체를 따라 속하여 있는 아담의 죄 및 그 효력을, 그리스도 안에서와 우리 안에서 사시는 성령의 끈을 통하여 우리가 그 안에 연합되게 된 둘째 아담 그리스도의 은혜 및 그 효력과 비교함으로써 설명해 주십시오.

아담의 죄와 우리가 그로부터 자연적으로 물려받은 부패한 본성은, 우리 속에서 그 세력을 다음과 같이 발휘하고 나타낸다고 할 수 있습니다. 첫째, 아담의 죄는 우리의 몸과 영혼을 (우리가 그리스도를 믿는 믿음을 통해 회심하지 않는 이상) 사탄의 종으로 만듭니다. 또한, 그것은 우리로 하나님이 우리의 대적이라도 되는 것처럼 하나님을 피하도록 함으로써 양심의 평화와 고요함을 빼앗아갑니다. 둘째, 이러한 병폐는 우리 안에서 죄와 수욕 등과 같은 많은 나쁜 열매를 맺도록 하며, 사망에 이르기까지 계속 그렇게 나쁜 열매를 맺도록 합니다. 셋째, 그것은 인류를 첫째 사망 및 첫째 사망을 앞당기도록 하는 모든 것으로 인도하고, 그 후에는 둘째 사망이라고 하는 영원한 죽음과 끝없는 수욕 및 고통으로 인도합니다.

그러나 첫째 아담이 자연적으로 우리와 연결되어 묶여 있는 것처럼, 영적으로(즉 성령으로 말미암아) 우리와 연합된 둘째 아담 그리스도의 은혜는 우리 속에서 다음과 같이 역사하며 그 세력을 나타냅니다. 첫째, 그리스도는 우리가 즉시 하나님과 화목되어 은혜의 보좌 앞에 진정한 신뢰와 기쁨으로 나아갈 수 있도록 하시기 위하여, 히브리서 10장 20절과 22–23절 말씀처럼, 그분의 은혜로 말미암아 우리에게 양심의 자유와 평화를 가져다 주십니다.

둘째, 우리 안에 거하시는 성령의 은혜로 말미암아 그리스도는 (우리는 그분의 지체가 되어), 그분이 우리를 위해 취득하신 자유를 이생에서 충만히 누리지 못하도록 방해하는 죄를 죽이십니다. 우리 안에 계신 그리스도의 능력은 또한 계속해서 죄를 죽임으로써, 옛 사람이 죽고 새롭게 살리심을 받을 수 있도록 하십니다.

셋째, 성령의 살리심 혹은 첫째 부활이라고도 하는, 그리스도의 능력으로 이생에서 우리의 죄를 박차고 일어나 새로운 생명으로 행하도록 하시는 일이 그리스도의 은혜로 말미암아 일어납니다. 둘째 부활, 즉 몸의 부활 역시도 이 은혜로 말미암아 옵니다. 아담의 죄와 우리의 죄의 결과로 인하여 죽어서 썩음을 당하게 된 우리의 몸은 둘째 아담이신 그리스도의 능력으로 말미암아 다시 일으키심을 받아서, 죽지 않는 영원한 생명 및 영광에 들어가게 될 것입니다. 이 생명은 마치 참 하나님이시고 동시에 참 사람이신 둘째 아담 그리스도가 첫째 아담보다 더욱 위대하고 영광스러운 것처럼, 우리가 아담 안에서 잃어버렸던 첫째 생명보다 더 위대하고 영광스러울 것입니다.

179

그렇다면, 우리 안에서 일하시는 그리스도의 사역과 죄 용서가 우리 안에서 우리를 멸망시키는 아담의 죄 및 본성보다도 더 강력하여 우리를 능히 구원한다는 것입니까?

그렇습니다. 한순간에 한 사람에 의하여 범해진 아담의 죄가 끔찍한 고난으로 목을 조르고 죽이는 일에 그처럼 대단한 권세를 가졌다면, 의로우신 둘째 아담 예수 그리스도의 순종이 얼마나 더 강력하겠습니까! 그리스도는 우리를 위하여 전 생애에 걸쳐 순종하셨으며, 잉태될 시점부터 마지막 한 방울의 피를 흘릴 때까지 하나님의 진노를 그분을 믿고 신뢰하는 우리를 위해 짊어지셨습니다. 그리스도는 단순히 첫째 아담과 같은 인물로 그치지 않고, 동시에 참되고 영원한 하나님이십니다. 우리를 위한 하나님 아들의 그와 같이 위대한 순종과 고난이 히브리서 9장 말씀대로, 우리의 죄를 영원토록 용서할만한 측량할 수 없이 위대한 권세를 가지며, 우리를 참으로 그리고 효과적으로 영생으로 인도합니다. 우리가 죄와 고난과 죽음의 권세를 느끼고 경험할 때에도 또한 우리는 참되고 효과적으로 죄 용서와 하나님과의 평화, 필요할 때마다 거듭나게 하시는 성령의 능력, 그리고 죽음 한가운데서도 그리스도의 생명을 맛보고 경험합니다. 이는 그리스도 예수께서 친히 그분의 참된 입으로 우리에게 "나를 믿는 자는 죽음을 맛보지 아니하리라"고 가르치셨기 때문입니다. 이 가르침 전체가 로마서 5장 15-16절, 그리고 고린도전서 15장 45절과 47-49절까지의 말씀에 부연 설명되어 있습니다. 그러므로 이 답의 서두에 언급한 것처럼 아담의 타락이 정말로 우리를 끔찍하게 괴롭혔고, 우리는 모두 로마서 5장 말씀처럼 아담 안에서 죄를 범하였으므로 그 죄로 인해 전적으로 부패되었습니다. 그래도 우리 안에서 강력하게 역사하시는 둘째 아담 그리스도의 순종이야말로 우리에게 더 큰 위로가 되어야만 하겠습니다. 우리는 첫째 아담 안에서 우리가 잃은 것보다 훨씬 더 많은 것을 둘째 아담 안에서 얻게 되었기에 하나님을 찬양하며 하나님께 영광을 돌리는데, 왜냐하면 고린도전서 15장 47절 말씀처럼, 실로 그리스도는 아담보다 크시고 우월하시기 때문입니다.